うっかりミスはなぜ起きる

―ヒューマンエラーを乗り越えて―

Haga Shigeru
芳賀 繁 著

中災防ブックス 007
発行所：中央労働災害防止協会

まえがき

本書の初版は一九九一年三月。さすがに内容が古くなりました。ブラウン管テレビ、フロッピーディスク、ダイヤルの付いた電話機などは今や見つけることも難しいです。若い読者は「なんですか、それ?」と思うことでしょう。「あとがき」に挙げた推薦図書も古いものばかりです。

この二十八年の間にヒューマンエラーに関する私自身の考えも変化しました。エラーの原因を探り、それを取り除くことで事故を予防しようという考えは間違っていないのですが、失敗を防ぐ、事故を防ぐということだけに注力した安全マネジメントによっていろいろな弊害が生まれています。安全マネジメントは、失敗を減らすことを目標にするのでなく、成功を続け、成功を増やすことを目標にすべきではないのか、と考えるようになりました。失敗ばかり見ていないで、現場が普段どうやって成功しているのかに目を向けようという「レジリエンス・エンジニアリング」の主張に強く共感したのです。それで、このことについてあらたに一章を書き下ろすことにしました。

ヒューマンエラーに対する世の中の関心は衰えていません。ヒューマンエラーに関する講義をして欲しいという企業や業界団体からの依頼はひっきりなしにあります。

なので、初版・第二版の基本的骨格、エラーはなぜ起きるのか、どう防ぐのかについての記述はそのまま残し、古くなった記述を書き直し、新しい話題をいくつか加え、そして、新しい安全マネジメントの考え方を最終章として追加する、という形で改訂版を作りました。旧版を読んだ方も手にとっていただけると幸いです。

二〇一九年七月　芳賀　繁

目次

目　次

第1章　ヒューマンエラーって何だ

笑えるエラーと笑えないエラー

冷奴にトースト

私は生まれついてのエラー人間です。出産予定日に三日遅刻しました。小学生の時は毎日忘れ物。中学高校のころは定期入れを落としたり、カバンを置き忘れたりで、毎週母親が菓子折りを持って拾い主の方々を回っていました。今でも、会議の予定を忘れてすっぽかしたり、納豆にソースをかけたり。コンピューターのプログラムなんか書くと一行に三つずつエラーメッセージが返ってきます。

妻も負けずに大ドジです。先日も、おかずができ上がってさあ食べましょうと言ったらゴハンを炊くのを忘れてたとかで、結局、夕食はブリの照焼きと冷奴にトーストでした。

このように、笑って済ませられるエラーばかりでしたら夫婦円満、世の中明るいのですが、残念なことに、悪いニュースに結びつくエラーも多いことはご承知の通りです。

うっかりミスが命を奪う

一九八七年三月六日、イギリスのドーバーに向かってベルギーの港ゼーブルッヘを出港した大型フェリー「ヘラルド・オブ・フリー・エンタープライズ号」は、自動車の出入口の扉を閉め忘れていたために、あっという間に沈没し、一八八人が溺死してしまいました。

一九八八年三月十六日、山形県鶴岡市の病院では、医師がレントゲン写真を裏返しに見たため、正常な右側の腎臓を摘出してしまい、間もなく患者は亡くなりました。

一九九九年二月十一日、東京都立広尾病院で、手術を終えて病室に戻った患者に対し、看護師が抗生剤を点滴したあと血液凝固を防ぐ薬と間違えて消毒液を注入してしまい、患者の容態が急変し、亡くなりました。

二〇〇五年十二月八日、みずほ証券の担当者が、ある会社の株を六十一万円で一株売ろうとしたのに、コンピューター画面の入力欄を間違えて、一円で六十一万株売る注文を証券取引所に送ってしまいました。このため株式市場は大混乱し、最終的にみずほ証券の損失は四〇七億円にのぼりました。

笑えるエラーと笑えないエラー、許されるエラーと許されないエラー。この二つはいったいどう違うのでしょう。実はエラーそのものには、何も違いはないのです。

エラーの重大さ、深刻さを決めるのは、行動としての（または行動しなかったこととしての）エラー自体にあるのではなく、エラーをおかした場所や状況、エラーの対象、それらから必然的に、あるいは偶然にもたらされたエラーの結果なのです。

うっかり閉め忘れたのがズボンのチャックなら笑われるだけで済みますが、フェリーボートのハッチだったら船が沈みます。パンツを裏返しにはいてもかまいませんが、レントゲンは困ります。つまずいて転んだ場所が会社の廊下なら小さなアザで済みますが、ビルの工事現場の足場だったら一命にかかわるでしょう。ドライブ中ちょっとよそ見をして赤信号をつっきった時、横から誰も来なければ「ヒヤリハット体験」、他の車とハチ合わせれば衝突事故、相手がたまたまダンプだったら……。

このように、まったく同じエラー行動が、時と場合によって笑いのタネにもなり、全世界を揺るがす大惨事の原因にもなりえるのです。いや、もう少しよく考えると、まったく同じ行動が、時と場合によってエラーにもなり、普通の（正しい）行動にもなるのです。

「エラー」というラベル

ヒューマンエラーの定義

九回裏ツーアウト、ランナー三塁、バッター山田。ピッチャー大瀬良投げました。痛烈な打球が一、二塁間へ、セカンド菊地、軽快なフットワークで打球に追いついて……、おっとはじいた！　すぐに拾って一塁に送球するが、山田の足が一瞬はやい！　その間に三塁ランナー、ホームイン！　サヨナラヒット……いや記録はエラーです。名手菊地、痛恨のサヨナラエラー！

野球中継を聴いていると、時々「ヒットかエラーか」が問題になります。ヒットとエラーの分かれ目はどこにあるのかご存知ですか。

プロ野球のエラーとは、「プロならばあのくらいは捕ってあたりまえ」の打球を捕れなかったと「公式記録員が判断した」プレーに記録されるそうです。

一つのプレーが、エラーと記録されるか否かには、「基準」と「判断」が大きな役割を演じていることに注意してください。産業現場におけるヒューマンエラーにも、まったく同じことがあてはまるからです。

人間工学では、ヒューマンエラーは「システムによって定義された許容限界をこえる人間行動の集合」と定義されています。[1]

システムとは「多数の構成要素が有機的な秩序を保ち、同一の目的に向かって機能するもの」です。[2] 構成要素には機械の部品だけでなく、人間や人間の組織も含まれますから、企業や国もシステムの一種と考えられます。

「交通システム」などは構成要素の輪郭があいまいな〝ファジィな〟システムですが、自動車、ドライバー、歩行者、道路、交通信号、警察官などの構成要素が、人や物を移動するという目的のために機能している巨大なシステムです。駐車違反で切符を切られたあなたは、「交通システム」によって定義された許容限界をこえた行動を行ったわけですから、ヒューマンエラーの代償を支払わなければなりません。

寛容なシステムとシビアなシステム

ヒューマンエラーはシステムによって定義されるのですから、非常に高いパフォーマンスをオペレーターに要求するシステムの中ではエラーとなる行動でも、別の「寛容な」システムではエラーにならないこともあります。

たとえば、オペレーターがある制御スイッチのボタンを押す時に、指がボタンの中心から二センチずれたとします。もし、ボタンの半径が二センチ以上あれば「正しい操作」が行われたことになるでしょう。ボタンが小さければ、押し直さなければなりません。万一、隣接して別のスイッチがあれば重大な結果を招くかもしれません。

ヒューマンエラー事故急増の原因は?

鉄道の信号や転てつ器を遠隔操作で集中制御するオペレーターは、取り扱うタイミングが早すぎたり遅すぎたりして列車が少しでも遅れたら責任を問われます。乗り継ぎ交替の乗務員が所定の時刻までに現れないで列車が遅れても、国鉄時代は「事故」として報告されました。

このような、旧国鉄のヒューマンエラー「事故」は、昭和五十七年度に二〇七件だったものが、五十八年度に一、二八一件、五十九年度に四、七五八件と、爆発的に増えました。

これはもちろん、国鉄職員が二年間で二十倍もエラーをおかしやすくなったわけではありません。小さなエラーを正しく把握することによって、職場の規律をひきしめるとともに、事故の芽を摘み取ろうというキャンペーンを推進したために、従来、「これくらいなら」とお目こぼしされていたものが、もれなく報告されるようになったからです。

「エラー」というのは、特別な、何か特殊な性格を持った行動のグループではなく、人間行動のバリエーションを、状況や環境や作業システムごとに変わる基準に照らして分類した結果に付けられるラベルなのです。

「ヒューマンエラー＝悪」ではない

人間の作業精度は正規分布をします[3]（図1－1）。システムが勝手に「ここから先はエラーですよ」と決めただけですから、ヒューマンエラーはある確率で必ず発生しますし、それ自体べつに悪いことではありません。

日本は世界の国々の中では、あまりエラーに寛容でないシステムの方に属すると思います。一つのミスも許さない、失敗したら恥だ、ヒューマンエラーは悪いこと、というような雰囲気が社会にも企業の中にも充満しているように感じます。

そのうえ、日本にはヒューマンエラーを犯罪として処罰する法律があります。

二〇〇一年一月三一日に静岡県焼津市沖で起きたニアミス事故の一因は航空管制官が便名を言い間違えたことでした。このままでは日本航空九〇七便と同九五八便が接近しすぎるという警報が出たので、成田空港に向かって降下中の九五八便に降下指示を出そうと思ったのに、羽田を出発して上昇中だった九〇七便に降下指示を出してしまったのです。その結果、二機が急接近し、あわや空中衝突寸前に九〇七便が急降下して衝突を免れました。九〇七便に乗っていた乗員乗客のうち一〇〇人が重軽傷を負いました。

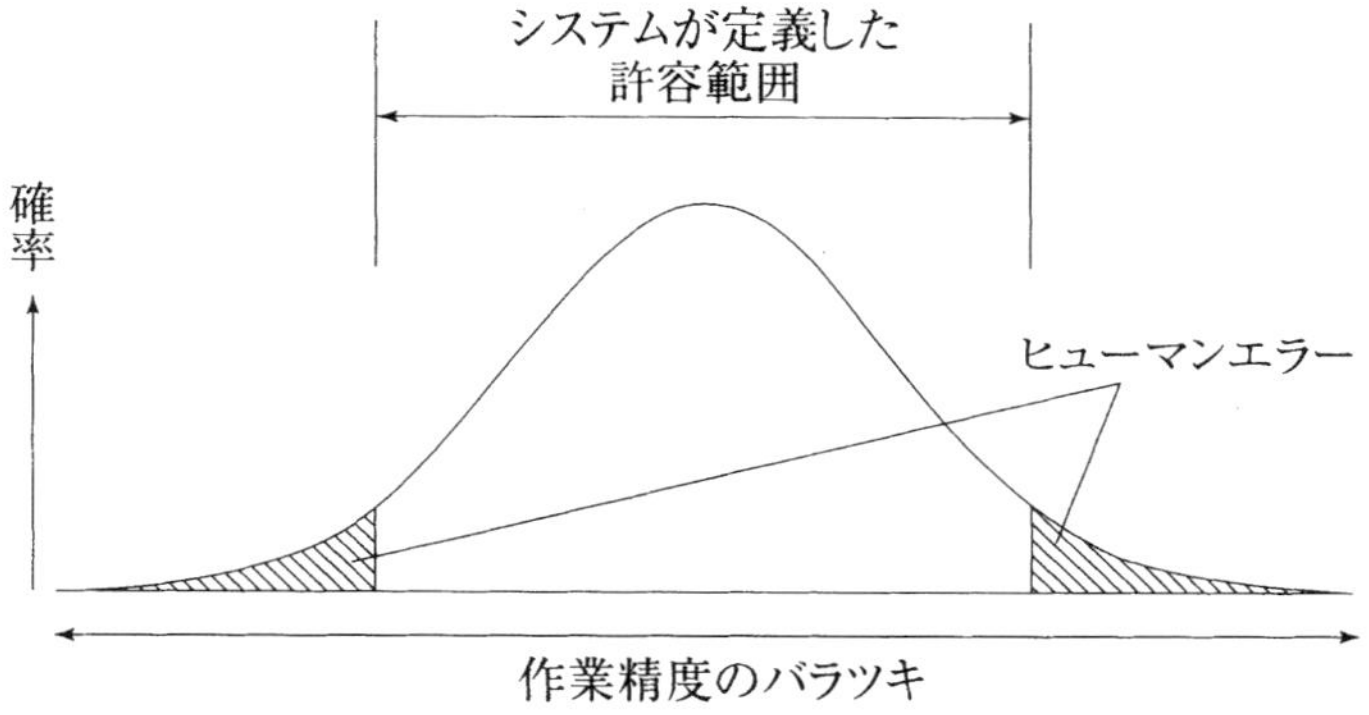

図１-１　人間の作業精度は正規分布する

業務上過失致傷罪で起訴された管制官二名は最高裁判所で有罪が確定し、失職しました。国家公務員は刑事裁判で死刑、懲役刑、禁固刑の有罪判決を受けると、執行猶予付きであっても失職すると国家公務員法に規定されているのです。

最高裁判所は、「被告人Aは本来意図した九五八便に対する降下指示を的確に出すことが特に要請されていたというべきであり、同人において九五八便を九〇七便と便名を言い間違えた降下指示を出したことが航空管制官としての職務上の義務に違反する不適切な行為であったことは明らかである」と断罪しています。さらに、裁判長は補足意見として「被告人両名が航空管制官として緊張感をもって、意識を集中して仕事をしていれば、起こり得なかった事態である」「切迫した状況下では、管制官には、平時にもまして冷静沈着に、誤りなき指示を出すということが求められている」と述べました。

これはあまりにも厳しすぎる意見だと思います。「人は誰でも間違える」のですから、この事故を教訓により安全なシステムを作ることを目指せばよいのです。うっかりミスをした人を処罰しても何もなりません。裁判長は緊張感を持って仕事をすればミスをしないと信じているようですが、緊張しすぎるとエラーが増えることは様々な実験や調査で明らかになっています。

みんなで間違えればこわくない

ここい駐車しないで?

以前、水戸市にある茨城県庁の駐車場にこんな掲示が出たそうです。

「ここい駐車しないでください」

茨城弁では、「い」と「え」の区別がないので、「ここへ」と書くべきところ、発音通りに「ここい」とやってしまったのでしょう。

そもそも、発音で区別のない言葉を文字で書き分けるのは難しいものです。「私わ」でなく「私は」、「ぢめん」でなく「じめん」、「つずく」でなく「つづく」が正しいとされているのは、そういう決まりになっているからで、いちいち決まりを覚えていないと正しく綴れません。戦後、現代仮名づかいが制定されて、この「決まり」が発音に近いものとなったことは、綴りのエラーを削減する上で大いに効果があったと思います。

反面、旧仮名づかいに慣れていた世代にとっては、二つのルールの混同という形のエラーをもたらしました。

本来、仮名というのは日本語の発音記号のようなものだったのですが、後に、日本語の

私めは
転んで
どじめんで
鼻を
こすって……
……
……ずつき
……

発音が変化したわりには綴り方が変わらなかったので、ややこしいことになっていったのです。「ず」と「づ」、「じ」と「ぢ」が別の音だった時代には、これらを書き分けるのは何でもなかったのでしょう。

日本人は英語の綴りで、LとRやAとUをよく間違えます。LEAD（導く）とREAD（読む）、TAG（荷札）とTUG（引っぱる）などがごっちゃになるのは、ちゃんと発音の区別ができていない証拠です。英語を母国語にする人は決して、パラレルをPALARREL（PARALLELが正解）と綴るようなエラーはしません。

間違いも〝慣用〟になれば一人前

日本じょうちょ豊か。戦いのたんちょを開く。敵をかくらんする戦法。病こうもうに入る。どくだんじょう。ケンケンガクガクの議論。

これらは全部エラーです。

情緒はじょうしょ、端緒はたんしょと読むのが正しいのですが、猪突猛進の猪（ちょ）から類推して、緒（しょ）も「ちょ」と誤読してしまったのでしょう。

攪乱、膏盲、独擅場は、それぞれ、こうらん、こうこう、どくせんじょうが正解。似たような字と混同してはいけません。

けんけんごうごう（喧々囂々＝大勢の人が口々にやかましく喋る様子）とかんかんがくがく（喧々諤々＝遠慮なく盛んに議論すること）がなぜかミックスされてしまったケンケンガクガク。意味不明です。

情緒、攪乱、独檀場などは、正しい読み方をしたらかえって通じないかもしれません。正統派が少数になった時、多数派のエラーが「慣用」という形で辞書に載り、じきに「正しい」方は「古い」方とされ、ついには現代語としては「誤り」とされてしまうのです。

「あたらしい」は昔「あらたし」でした。「あたらし」は惜しいという意味でした。現在でも、「誓いをあらたに」とか、「あたら若い命を」などの形で古い語法が残っています。ところが、いつの頃からか、「あらたし」を「あたらし」と言う人が増え始めました。そして、今では、「新しい」を「あたらしい」と読むよう学校で教えているのです。

エラーをして有名になった人

オックスフォード大学のスプーナー教授は、講義の間しょっちゅう言い間違いをするので有名でした。とくに、単語の頭の子音を、後の単語の頭の子音と交換するというエラーをよくしたそうです。たとえば、well《ウエル》-oiled《オイルド》 bicycle《バイシクル》（油をたっぷりさした自転車）を、well《ウエル》-boiled《ボイルド》 icicle《アイシクル》（かたゆでにしたつらら）、I'll《アイル》 show《ショウ》 your《ユア》 seat.《スイート》（席にご案内します）を I'll《アイル》 sew《ソウ》 your《ユア》 sheet.《シート》（あなたのシーツを縫ってあげましょう）と言い間違えるのです。

以来、このようなエラーをスプーナー先生の名をとって「スプーナリズム」と呼ぶようになりました。ちゃんと英和辞典に載ってますよ。

私の妻は「潮干狩り」のことを「ひおしがり」と言います。私はこれを「ユミコイズム」と名づけましたが、まだ広辞苑に載ってません。

イギリスの名門ラグビー校でサッカーの試合中、夢中になった一人の少年が思わずボールを手で受けて、腕に抱いたままゴールにとび込んでしまいました。もちろん大反則。エラーです。でも、これはおもしろい、これをルールにしよう、ということになりました。ラグビーフットボールの誕生です。

現在、ラグビー校の校庭のレンガ塀には次のような碑文がはめ込まれています。

「この碑石は、一八二三年、当時のフットボールのルールをみごとに無視し、初めてボールを腕に抱えて走り出し、ラグビーゲームの独特の形を作り出したウィリアム・ウェブ・エリスの功績を記念するものである。(4)」

BOYS
BOYS

エラーの分類学

うっかり、勘違い、ど忘れ、見のがし、不注意、ミス、ドジ、失念、過誤、etc、etc。エラーには、いろいろな種類があるようです。

ここでは、ヒューマンエラーの分類学についてお話ししましょう。

5W1H型の分類

一番単純なのは、どこでエラーをしたか、何をするときにエラーをしたかで分類する方法です。

工場などで事故や災害を管理する場合によく使われる方法です。たとえば、生産ラインで製品組立て中に起きたもの、生産ラインの保守作業中に起きたもの、制御室でスイッチ操作中に起きたもの、などなど。

このやり方で作った分類システムは、分かりやすく、誰にでも使える点は良いのですが、一つの業種、場合によっては、ある一つの作業所の中だけでしか使えないところが欠点です。

行動としてのエラーの分類

次に、エラーが起きた環境や状況や理由を無視して、エラー行動だけに注目した分類法があります。

『ヒューマンエラー』という本を書いたイギリスの心理学者ジェームズ・リーズン教授は、学生に一週間、「エラー日記」をつけることを宿題にし、分析して、日常生活でのエラー行動を次の四つに分類しました。[5]

① 反復……同じ動作を不必要に反復してしまうエラー。

シャンプーが終わって髪をすすいだ後に、またシャンプーをつけてしまったとか、喫茶店で話しに夢中になりながら、コーヒーに砂糖をスプーン五杯も入れてしまったとか。

② とり違え……動作や知覚の対象をとり違えるエラー。

きゅうすに入れるつもりのお茶っ葉を横にあった湯飲み茶碗に入れるとか、冷蔵庫から栄養ドリンクを取り出したつもりなのに、よく見たら焼肉のタレだったとか。

③ 混入……一連の動作の中によけいな動作がまぎれ込むエラー。

切符を買って入ったのに降車駅で定期の入った内ポケットに手がいくとか、MT（マニュアル変速）車からＡＴ（オートマ）車に変えてしばらくはブレーキを踏むたびに左足が持ち上がるとか。

④　省略……やるべき動作をし忘れるエラー。

会社帰りに投函しようと思った郵便物を家まで持ち帰ってしまうとか、ヘッドライトを消し忘れて車を降りるとか。

このような分類法は、一般的で、何にでも適用できる反面、あまり役に立たないようです。つまり、分類はできたけれど、「だからどうだって言うの？」と聞きたくなります。

（リーズン先生の研究は、エラーの分類を最終的な目的にしたものでないことを、彼の名誉のために付け加えておきます。）

認知心理学的な分類法

三番目の分類法は、人間の情報処理プロセスの中にエラーを位置づける方法です。

①　入力エラー……感覚、知覚の際のエラー。見間違い、聞き違い、など。

②　媒介エラー……情報の媒介、処理の段階のエラー。判断の狂い、意図的な規則違反、など。

③　出力エラー……身体による反応を起こす際のエラー。未熟な操作、動作の失敗など。

アメリカの著名な認知心理学者であるドナルド・ノーマン教授は、動作を意図する段階のエラーを「ミステイク」、意図した動作を実行する段階のエラーを「スリップ」と呼びますが[6]、前者は①と②、後者は③にほぼ対応します。

　また、故・橋本邦衛先生[7]を中心とする、日本人間工学会安全工学部会がまとめた事故の原因分析手順書[8]に、「作業ミスの形態」としてあげられている「認知・確認のミス」「判断・決定のミス」「操作・動作のミス」も、それぞれ右の①②③に対応するでしょう。

　牛乳を飲もうと思って冷蔵庫からパックを取り出したとき、日付の〝3〟を〝8〟と見間違えて腐った牛乳を飲んでしまった場合は「入力エラー」、今日は十日だけど三日の牛乳はまだ大丈夫と思って飲んで下痢をした場合は「媒介エラー」、牛乳をコップに注ぐときにこぼしてしまった場合は「出力エラー」です。

　入力エラーに対しては表示を目立ちやすくする、処理エラーに対しては教育、訓練法を見直す、出力エラーに対しては機器のデザイン、レイアウトを改良するなど、対策に結びつけられる分類方法です。

エラーの心理的背景の分類

最後に、エラーを起こした心理的背景に踏み込んだ分類法を紹介します。故・米山信三氏[9]が、旧国鉄で報告された約三千件のエラーについて調査し、計量心理学的手法で分析した結果、エラーの背景要因は次の五因子に整理できることがわかりました[10]。

①　判断の甘さ……そこまで影響を及ぼすと思っていなかった、相手は知っているものと思っていた、など。

②　習慣的操作……反射的に手を出した、無目的な操作をした、など。

③　注意転換の遅れ……他の仕事に熱中して時間の経過に気づかず手遅れになった、後でやるからと思い忘れてしまった、など。

④　思い込み・省略……確かな事と思い確認しなかった、いつもどおりだと思った、など。

⑤　情報収集の誤り……予測や先入観のため情報を間違って受けとめた、情報の意味が分からなかった、など。

私は以前、ホテルの部屋で自分の脱いだ靴が見つからなくて、洗面所やベッドの下を捜し回ったことがあります。もしや、と思いドアを開けたら廊下にきっちり脱ぎそろえてありました。典型的な「習慣的操作」エラーですね。

日本ヒューマンファクター研究所を創設した故・黒田勲先生[11]は、判断、決心の段階でのエラー（媒介エラー）をひき起こす「心理的構え」を問題にしています[12]。

①懸命ミス……作業者が組織に忠実で、まじめに任務を達成しようと懸命にのめり込んで発生するエラー。

②確信ミス……熟練者やベテラン作業員が、一連の流れに従って習慣化された行動を、思考や意識的チェックなしに遂行し、まったく疑いもなく間違いの方向につき進んでしまうエラー。

③焦燥ミス……終業時間までに作業を完了してしまおうと焦ったり、交通渋滞に巻き込まれながら時間に間にあうようにといらだったり、タイム・ストレスが人間の冷静さ、慎重さを崩して、判断、決心を誤らせること。

④放心ミス……単純作業の連続、単調作業、退屈な監視業務、心配事、疲労、睡眠不足などから意識水準が低下して起こるエラー。

⑤多忙ミス……緊急事態、複雑な非定常状態、自動化装置の不具合などにより、突然

焦燥ミス
確信ミス
放心ミス
SPHERES
CUBES
5

作業量が増加し、時間的余裕がなくなり、判断の質が落ちたり、パニックに陥るために起こるエラー。

⑥ 無知ミス……知識、理解が不足しているために起こるエラー。教育、訓練、経験が不足している未熟練者だけでなく、省人化で一人の作業者に幅広い知識が要求されたり、新しいハイテク機器がつぎつぎに導入されるため、ベテランでもこのタイプのミスを起こす可能性が高くなってきました。

事故原因としてのヒューマンエラー

ヒューマンエラーで起きる事故の割合

いろいろな産業で起きる事故のうち、自然災害や機械の故障ではなくて、ヒューマンエラーが直接の引き金となって起きるものは何パーセントくらいあるのでしょう。

航空・鉄道事故調査委員会の委員でもあった交通心理学者の垣本由紀子先生[13]が引用したデータによると、航空事故の主要因の六〇パーセント程度が乗員、一五％程度が航空機、整備、気象、空港または管制がそれぞれ五パーセント弱となっています。乗員、整備、空港または管制に分類されている事故の大半は乗員、整備士、管制官らのヒューマンエラーと思われます。

また、化学プラント事故の六〇パーセント以上、航空機事故の七〇〜八〇パーセント、医療事故の八〇パーセント以上、自動車事故の九〇パーセント以上がヒューマンエラーに起因するそうです[14]。

労働災害も管理・監督のミスまで含めれば、大部分がヒューマンエラーによって発生しているものと推定されます。

エラーを主な要因とする事故の例

年月日	事故の状況と被害
一九八五・八・一二	群馬県、御巣鷹山中に日航ボーイング七四七ＳＲ墜落。七年前の後部隔壁の修理ミスが原因の一つと考えられている。死者五二〇名、負傷者四名。
一九八六・四・二六	ソ連、チェルノブイリ原子力発電所事故。危険な実験計画と非常炉心冷却系の切り離しなど六以上の規則違反。即死者三一名、避難した住人約一二万人、汚染された農地一五〇〇平方キロ以上。その後十年間に三〇万人死亡。
一九八七・三・六	ベルギーのゼーブルッヘ港発イギリス・ドーバー行き大型フェリー「ヘラルド・オブ・フリー・エンタープライズ号」が出港直後に転覆。原因は車両出入口の扉の閉め忘れ。死者一八八名。
一九八八・七・三	イラン航空エアバスＡ三〇〇バンダルアバス発ドバイ行を米海軍のイージス艦がイラン空軍機と誤認して撃墜。乗員乗客二九八名全員死亡。
一九八八・七・二三	海上自衛隊潜水艦「なだしお」と遊漁船「第一富士丸」が浦賀水道横須賀港沖で衝突。第一富士丸が沈没し三〇名溺死。なだしおの回避義務違反が第一原因と指摘されている。
一九九九・一・一一	横浜市立大学医学部附属病院で患者を取り違え、肺の手術をする予定の患者に心臓手術、心臓手術をする予定の患者に肺の手術をしてしまった。手術後に運ばれた集中治療室でようやくミスに気づいた。
一九九九・九・三〇	ＪＣＯ東海事業所で、核燃料加工を正規でない作業手順で行ったことにより、ウラン溶液が臨界に達し核分裂連鎖反応が発生した。これにより、至近距離で中性子線を浴びた作業員二名が死亡、一名が重症。このほか、被爆した作業員を救急搬送した救急隊員、臨界状態を収束させるための作業を行った関係者、周辺住民ら六六四名も被爆した。

表1-1　1985年以降に起きたヒューマン

二〇〇一・一・三一	羽田発那覇行きＪＡＬ九〇七便と、釜山発成田行きＪＡＬ九五八便が静岡県焼津市沖の上空でニアミスを起こした。航空管制官が便名を言い間違えたことや、空中衝突防止装置から自動的に発出された回避指示（九〇七便に上昇、九五八便に降下）と管制官の指示が食い違っていたことなどが要因。空中衝突を回避しようと急降下した九〇七便の乗員乗客一〇〇名が重軽傷を負った。
二〇〇五・四・二五	ＪＲ福知山線の塚口駅から尼崎駅間を列車が走行中、半径三〇四メートルの右カーブに時速約一一六キロメートルで進入し、脱線した。死者数は一〇七名、負傷者は五六二名
二〇一二・一二・二	中央自動車道上り線笹子トンネルで、天井板のコンクリート板が約一三〇メートルの区間にわたって落下し、走行中の車複数台が巻き込まれた。設計時の強度不足、設備の老朽化、点検管理の不備等複合的要因とされた。死者九名。
二〇一三・七・二四	スペイン国鉄の運行する高速鉄道の旅客列車が、急曲線区間にて速度を超過して走行し脱線転覆した。死者七九名。
二〇一四・四・一六	韓国の観梅島沖で修学旅行中の高校生らを乗せた旅客船「セウォル号」が転覆沈没した。無理な増築、過積載によって、船がバランスを崩した際に元に戻る復元力が低下していたこと、操舵手の操舵技術が未熟だったことなどが主原因とされる。死者三〇七名、行方不明者五名。
二〇一五・八・一二	中国、天津港の危険物倉庫での爆発火災。保管されていたシアン化ナトリウムが流出し、消火作業による放水が、化学反応を引き起こし、有毒で引火しやすいガスを発生させ、二次被害に繋がったとみられる。周辺住民も含め死者一六五名、行方不明者八名、負傷者七九八名。

今なぜヒューマンエラーか

表1−1は一九八五年以降に起きた大事故のうち、ヒューマンエラーが主な原因といわれているものを集めたものです。

ヒューマンエラーによって、こんなにも多くの尊い命が奪われてきたことを考えると、「エラー＝悪でない」とか「みんなで間違えばこわくない」などと、のんきに構えてはいられません。

現代の産業社会では、非常に巨大なエネルギーが少数の人間によってコントロールされているので、一人、あるいは、ほんの数人のエラーでも大惨事を引き起こしうるのです。何百人、何千人が一度に死んだり、何ヵ国にもわたる広大な地域の農地があっという間にダメになるなどということは、昔なら洪水や火山の噴火などの自然災害でしか起こりえなかったでしょう。

現代文明の生んだシステムは、普通の市民を時速百キロで移動させ、時には礫き殺し、五百人以上の人を空に浮かべ、時にはつき落とし、一つの町の住民全部に明りと熱を供給し、時にはその町を廃虚にするだけのエネルギーを制御しています。

これらのシステムの一方の構成要素である機械部品の信頼性は、技術の進歩により、こ

急速な進化の
システム
人間の 進化

の一世紀の間に何ケタも向上しました。

でも、もう一方の構成要素であり、かつ、これらシステムの設計者でもある人間の方は、この一万年の間にどれほど進化したでしょうか。

最近のヒューマンエラーへの関心の高まりは、システムの進化と人間の進化の間のギャップがいよいよ大きくなったことの表れではないでしょうか。

注

（1）Miller D. P. and Swain A. D, Human Error and Human Reliability, In G. Salvendy (ed), *Handbook of Humans Factors.*, Wiley-Interscience, 1987.

（2）近藤次郎『巨大システムの安全性』講談社、一九八六年。

（3）ガウス分布とも呼ばれ、次の確率密度関数で定義されます。

$$P_n = e^{-\lambda}\frac{\lambda^n}{n!},\quad n=0,1,2,\ldots$$

ただし、μは平均、σは標準偏差。

(4) 小学館『日本大百科全書』第二三巻「ラグビー」の項より。
(5) Reason, J. Lapses of attention in everyday life. In R. Parasuraman and D.R. Davies (eds) *Varieties of Attention*, Academic Press, 1984.
(6) Norman, D.A. Categorization of action slips. *Psychological Review*, Vol.88, 1-15, 1981.
(7) 鉄道労働科学研究所労働生理研究室長などを歴任。
(8) 日本人間工学会（旧）安全工学部会『ヒューマン・エラーにもとづく事故の原因分析手順書の試案とその解説―化学プラント事故を例として―』一九八〇年。
(9) 鉄道総合技術研究所人間工学研究室長、同人間科学部長などを歴任。
(10) 米山信三・池田敏久・大嶽ヒサ「ヒューマンエラーの背景要因の分析」鉄道労働科学、第三九巻、一～一二頁、一九八五年。
(11) 航空自衛隊航空医学実験隊長、早稲田大学客員教授、日本ヒューマンファクター研究所長などを歴任。
(12) 黒田勲「安全のための決断」研究開発財団専門研究委員会研究資料『人間のエラーと新安全対策⑥―ヒューマン・エラーに対する安全教育をいかにするか―』七～二六頁、一九八九年。
(13) 航空医学実験隊安全心理研究室長、国土交通省　航空・鉄道事故調査委員会委員、実践女子大学教授などを歴任。

（14）垣本由紀子「航空における情報取得とパイロットエラー」国際交通安全学会誌　第二六巻第二号、二一〇～二一九頁、二〇〇〇年。

第2章　ヒューマンエラーのメカニズム

注意と不注意

注意一秒ケガ一生

エラーの原因として最もしばしばあげられるのが不注意です。「注意が足りなかったので間違えた」、「よく注意していれば失敗しなかったろうに」などとよく言われます。

若い人は聞いたことがないかもしれませんが、昔さかんに使われた交通安全のスローガンに「注意一秒ケガ一生」というのがあります。

「聞くは一時の恥、聞かぬは一生の恥」という格言や、「マッチ一本火事のもと」という標語などから類推して、「一秒でも注意すれば一生治らないケガをする」などと解釈しないでください。「一秒の注意を怠って事故を起こせば、その傷は一生消えないかもしれませんよ」というような意味です。「不注意一秒……」としなかったのは語呂の問題からでしょう。

たしかに、交通事故の原因として「前方不注意」はかなりの割合を占めます。踏切の手前には「踏切注意」と書いてあります。高速道路では「横風注意」や「合流注意」の標識を見ます。

分かりました。車を運転するときは決して前方から注意をそらしません。同時に(!?)、子供の飛び出し、自転車、信号、踏切、横風への注意も怠りません。高速道路では横からくる合流車にも注意します。停車するときは後の車にも注意します。「落石注意」を見たら頭上(!?)にも注意します。

はたしてこれで事故が防げるでしょうか。

そもそも、こんなにいろいろなことを同時に注意できるのでしょうか。不注意の結果として事故が起きると考えたり、注意をすれば事故が防げると信じるまえに、注意とはいったい何なのかを知る必要がありそうです。

忘年会現象

宴会も佳境に入りすっかり座も乱れ、三~四人ずつ車座になって、それぞれ話に花が咲いています。あなたは少子化問題について同憂の士二人とカンカンガクガクの議論中です。

隣りのグループも話がはずんでいて、時々大声を張り上げる人もいますが、何を喋っているのか分かりません。向こうのグループは何がおかしいんだか笑い声が絶えません。

あなたの話し相手の声はそれほど大きくないので、物理的には他にもっと大きな音量の声が耳にたくさん届いているのですが、なぜ話し相手の声だけがこんなにはっきりと聞こえ、他のグループの声は無視できるのでしょう。

さて、少子化問題は、移民政策について他の二人が持論を譲らず、議論が堂々めぐりを始めました。いつのまにかあなたは、社内のゴシップ話をしている隣りのグループの話に聞き耳を立てています。いまや少子化問題は遠くかすんだ雑音となり、社内恋愛の話題だけがはっきり聞こえます。ほらほら、目の前の二人があなたの返事を待っていますよ。何を聞かれたのかな?

このように、聴覚に入ってくる複数の情報の中で、注意を向けたものだけが選択的に理解されることを「カクテルパーティー現象」といいます。(1) 筆者も読者も、失礼ながらカクテルパーティーにはあまり縁がなさそうなので、私たちは、これを「忘年会現象」と呼ぶことにしましょう。

どー
思います？
あっちは
おもしろそ～

注意を向けていない耳には何が聞こえているか

忘年会現象を実験室に持ち込んで、詳しく研究した心理学者たちがいます(2)。

彼らは被験者（実験台になる人）にヘッドホンをかぶせ、右と左から別々の言葉を同時に聞かせました。そして、指定した側の耳に入る言葉を片端から口に出して言わせることによって、反対側の耳を強制的に不注意の状態にしたのです。

この状態でいろいろな実験をしたり、後でテストをすると、非常に興味深い現象が次々と明らかになりました。

まず、注意を向けなかった方の耳からどんな言葉が聞こえたか、ほとんど答えられません。男の声から女の声に変わったりすると気づきますが、英語からフランス語に切り換えても、話し手が同じ場合は気づかれません。

また、ある特定の音（たとえば「夕」）がどちらの耳からでも聞こえればボタンを押すという課題では、どちらの耳でも聞き落とし率に差はないのですが、ある特定の意味を持つ言葉（たとえば「動物の名前」）を検出する課題では、注意を向けている側といない側では歴然とした差が出ます。

つまり、注意を向けないチャンネルの成績は次のようにまとめられます。

男の声→女の声　気づく
英語→フランス語　気づかない
音の検出→注意を向けたチャンネルと同じ
カテゴリーの検出→注意を向けたチャンネルより悪い

どうやら、物理的な音の分析は両方のチャンネルに対して行われているけれど、言葉の意味の分析は注意を向けた側だけについて行われるようです。

選択的注意

この事実を一般化すると、図２−１のような注意のモデルが想定されます。すなわち、光や音や熱の形で人間の感覚器官に入ってくる情報は、まず物理的特性について分析され、その結果、必要なものだけが次のステップに運ばれて、言葉の意味など、より高次で複雑な認識の対象になるという仮説です。ここでは、注意は、人間の中にある情報処理装置に過大な負荷がかかるのを防ぐためのフィルターまたはスイッチのようなものと考えられます。このような注意の働きを、心理学では、「選択的注意」と呼びます。

読者の中には「ながら族」を自認する方も多いでしょう。「オレは聖徳太子だ」と豪語す

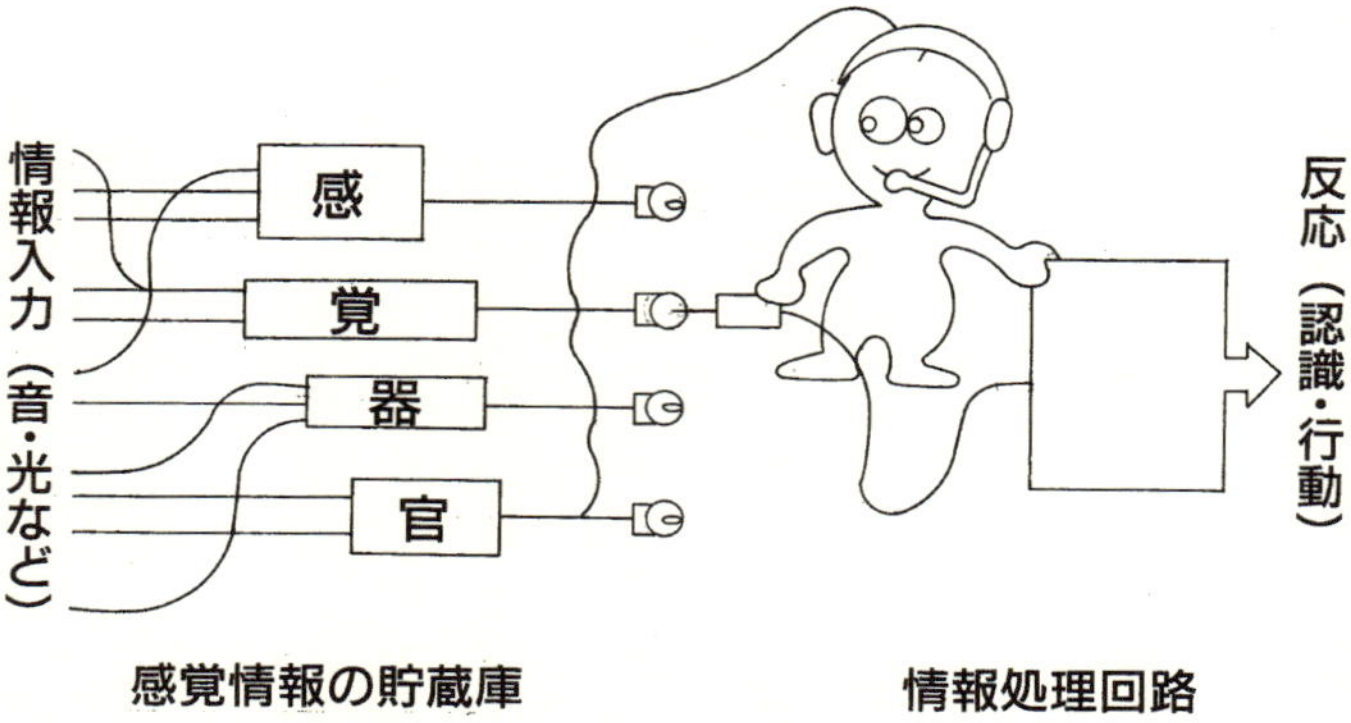

図2－1　選択的注意のモデル

る方もいるかもしれません。そういう人は、注意のスイッチを上手に切り換えるテクニックを持っているのでしょう。言葉や音楽や、目に入る出来事は前後に繋がりを持っており、一部が欠けても他の部分から推測できます。したがって、注意を二つ以上に分けられるのは、注意のスイッチをすばやく切り換えているからだと考えられます。

　汎用コンピューターのタイム・シェアリング・システムを知っている人なら、CPU（中央処理装置）が一つ一つの演算を定められた優先順位に従って次々と実行しながら、全体としては、あたかも多数のジョブを同時に実行しているように働く姿を思い浮かべるとよいでしょう。

選択的注意の働きはまた、夜道を歩く時の懐中電灯になぞらえることもできます。足元を中心に、時々は前方や左右にも光を当てる。これが注意の配分です。集光の範囲が狭すぎたり、光を一ヵ所に固定してしまうと、周りの状況が目に入らなくなります。プロ・スポーツの試合や、音楽会の演奏に必要な完璧な集中力ですが、一般の作業にはかえって危険な状態です。これを「注意の一点集中」といいます。

ここで留意したいのは、「不注意」がいつも「注意」に伴って現れることです。不注意とは懐中電灯の光の輪の外、すなわち、注意が向けられていない対象の状態を指します。何かに注意を向ければ、他のことは不注意になるのです。

したがって、エラーの原因として「不注意」をあげるなら、その時その人の注意がどこに向いていたかを解明しなければなりません。

歩きスマホ

駅や混雑した通路で歩きながらスマートフォン（スマホ）の画面を見たり操作したりしている人をよく見かけます。スマホの画面や操作に注意を奪われていると、周りの状況への注意が不足して、つまずいたり、人にぶつかったり、電車と線路の間に落ちたりするリスクが高まります。中には、階段から落ちたり、線路に転落したりして大怪我をする人もいます。

自転車に乗ってスマホを操作するのも危険です。二〇一七年十二月には自転車走行中にスマホを操作しながらイヤホンで音楽を聴き、片手にはペットボトルを持っていた女子大学生が歩行中の七十七歳女性に衝突して死亡させました。その翌年にも男子大学生がスマホを見ながらマウンテンバイクを漕いでいて歩行中の六十二歳男性をはね、男性は翌日死亡しました。

筆者が実験室や階段で行った実験では、スマホの画面を見たり操作をしながら歩くと、目の前の画面の色の変化に気づくのが遅れるし、音の高さの変化にも反応が遅れることが分かりました[3][4]。

自動車を運転しながらスマホを見るのは論外ですが、歩きながらや自転車に乗りながらのスマホは、本人が危険なだけでなく、周りの人にも危険だし、迷惑なのでやめて欲しいものです。

注意の配分と熟練

運転免許をとりたての頃は、助手席にガールフレンドを乗せても、運転にせいいっぱいでつい無口になり、彼女を退屈させてしまいます。だんだん運転に慣れてくると、冗談を言ったり、オーディオを操作したり、時には手を握ったりできるようになります。

この変化は、慣れるにつれて運転に必要な注意の量が減って行くために起こるのです。ハンドルを切ったり、ギアをチェンジしたりするのをあまり意識せずにできるようになるから、助手席の彼女にも注意を振り向けることができるわけです。

一般に、単純な作業には少しの注意を、難しい作業には多くの注意を必要とします。十分な量の注意を投入しないと、作業が滞ったり、エラーをおかしたりします。作業に熟練すると、どんなに難しくても、あまり注意せずにできるようになります。

ただし、ここでいう「注意」とは、意識的に身体を動かしたり、ものを考えたりするのに必要な何かです。認知心理学では、これをリソース（資源）と呼びます。このような注意の働きは人間の脳の中にある情報処理装置に供給される精神的エネルギーにたとえることもできます。注意＝リソースの配分とは、同時に進行する複数の情報処理にエネルギーを分配するようなものだからです。

若葉マークの頃は
ひどかった～～…

図２－２　注意配分のモデル

注意のプール

図2-2は、処理装置をストーブに、精神的エネルギーを石炭にたとえて注意の働きを説明したものです。

たくさん石炭をくべたストーブは、さかんに燃えてどんどんスープを生産します。スープの材料は外界や身体や脳の中から発せられる情報、作られたスープは行動（からだを動かすための指令情報）や認識（知識、意見、態度、記憶などを形成する加工された情報）です。

石炭（注意）の供給が少ないストーブ（処理装置）にのせた鍋に材料（入力情報）を入れても煮えません。

一つのストーブで大量のスープを生産する

ためにどんどん石炭をくべてしまうと、他のストーブは燃料不足となります。単位時間あたりに供給できる情報処理エネルギー（リソース）の全体量には限度があるのです。この全体量のことをキャパシティー（容量）とか注意のプールと呼びます。

慣れない作業や難しい課題の処理にはたくさんのリソースが必要なので、他の事に注意が回らなくなります。最初に登場した若葉マーク君がこれです。美女やイケメン男子に注意を奪われやすいあなたも要注意ですよ。駅の階段を踏みはずさないように。

ベテランのエラー

作業に熟練すると意識的注意（リソース）は少しで済むといいました。ところが、結果的にはベテランの方が新米より注意の行きとどいた良い仕事をします。これは、毎日くり返す操作に熟練すればするほどリソースに余裕ができて、微妙な材質の違いや、機械の音の変化の認識などに、余った注意を使うことができるからです。

ところが熟練作業にもおかしやすいエラーが二種類あります。一つは、何らかの理由で作業変更があったりして、いつもと違うことをしなければならない時に、つい、いつも通りにやってしまうことです。熟練すると、ほとんど意識的注意なしに身体が自動的に動きます。そして、その途中に、多くの注意を必要とする慣れない作業を入れるのは大変難しいのです。ためしにＡＢＣのＨとＩだけ順序を逆にして、ＡからＺまで早口で言ってみてください。

もう一つのエラーは、何かのきっかけで、普段意識しないでやっていた動作に注意が必要以上に向いてしまった時に起こります。とたんに動きがぎこちなくなり、いつもはスムーズにできたことを失敗してしまうのです。

よみ人知らずの古い詩にこんなのがあります。(5)

むかではとても気楽だったよ
蛙が戯れに言うまでは
「願わくはお足がもつれませんように」
足の運びが気になりだした
歩き方を考え悩み
どぶの中に這いつくばって
にっちもさっちもいかなくなった

ボンヤリとコックリ

覚醒水準

どのくらい目がパッチリと醒めているかという程度のことを「覚醒水準」といいます。頭がスッキリと明析な程度のことでもあるので「意識水準」とも呼ばれます。覚醒水準は注意の容量を決める大きな要因です。

いくら一所懸命注意を配分しようと思っても、配分すべき注意の全体量が乏しくてはどうにもなりません。「ない袖は振れぬ」というものです。

橋本邦衛先生は、労働生理学の研究を基礎として、覚醒水準を五つの「フェーズ」に分けました[6]。

各フェーズの意識状態や信頼性は**表2-1**のようにまとめられます。

ごらんのとおり、覚醒水準もあまり高くなりすぎて「フェーズⅣ」までいってしまうと、過緊張や興奮状態となり、注意配分のコントロールがうまくできなくなります。そうなると、注意の範囲が狭くなって、一つの対象に気を奪われてしまう「一点集中」に陥ってしまいます。

表2-1　人間の情報処理の信頼性と覚醒水準

フェーズ	意識の状態	注意の作用	生理的状態	信頼性
0	無意識・失神	ゼ　ロ	睡眠・脳発作	0
Ⅰ	意識ボケ	不注意	疲労・単調 眠気・酒酔い	0.9以下
Ⅱ	リラックス	受動的	安静起居・休息 定常作業時	0.99～ 0.99999
Ⅲ	明　　析	能動的	積極活動時	0.999999 以　上
Ⅳ	過　緊　張	一点に固執	感情興奮時 パニック状態	0.9以下

エラーの確率が一番低いのは「フェーズⅢ」です。

でも、生理的負担も大きくて、この状態を長く続けることはできません。あまりがんばりすぎると、肝心な所で集中力がダウンしてしまい、エラーを起こしかねません。リラックスした状態の「フェーズⅡ」と緊張した状態の「フェーズⅢ」とを、要所要所で上手に切り換えるのがプロフェッショナルというものです。

サーカディアン・リズム

お盆と正月の帰省ラッシュのニュースの中に必ずといっていいほど、交通事故のニュースが混じっています。

渋滞を避けるために深夜に出発し、明け方に居眠り運転で事故を起こして一家が全滅するなどという、いたましい事件があとをたちません。

人間の生理機能（体温、血圧、心拍数、内分泌など）は約二十四時間の周期で変動しています。これをサーカディアン・リズム（概日リズム、または日周リズム）といいます。このリズムは、時計の針を直すように簡単には変えられません。海外旅行をして「時差ボケ」を経験した人なら誰でも知っているでしょう。変な時間に猛烈に眠くなって時計を見ると、どうりで日本じゃ夜中の三時。反対に、ホテルのベッドで夜中の三時に目が冴えて全然眠れないのです。

昼寝をしても「寝だめ」をしてもサーカディアン・リズムはすぐには変わってくれません。ですから、夜勤や深夜ドライブではどうしても覚醒水準が下がって、ヒューマンエラーを起こしがちになります。

ちょっとデータが古いのですが、**図2-3**には、高速道路の居眠り事故と鉄道の信号違反事故の発生が、フリッカー値によって測られた覚醒水準の日周変動とみごとに一致している様子が示されています。

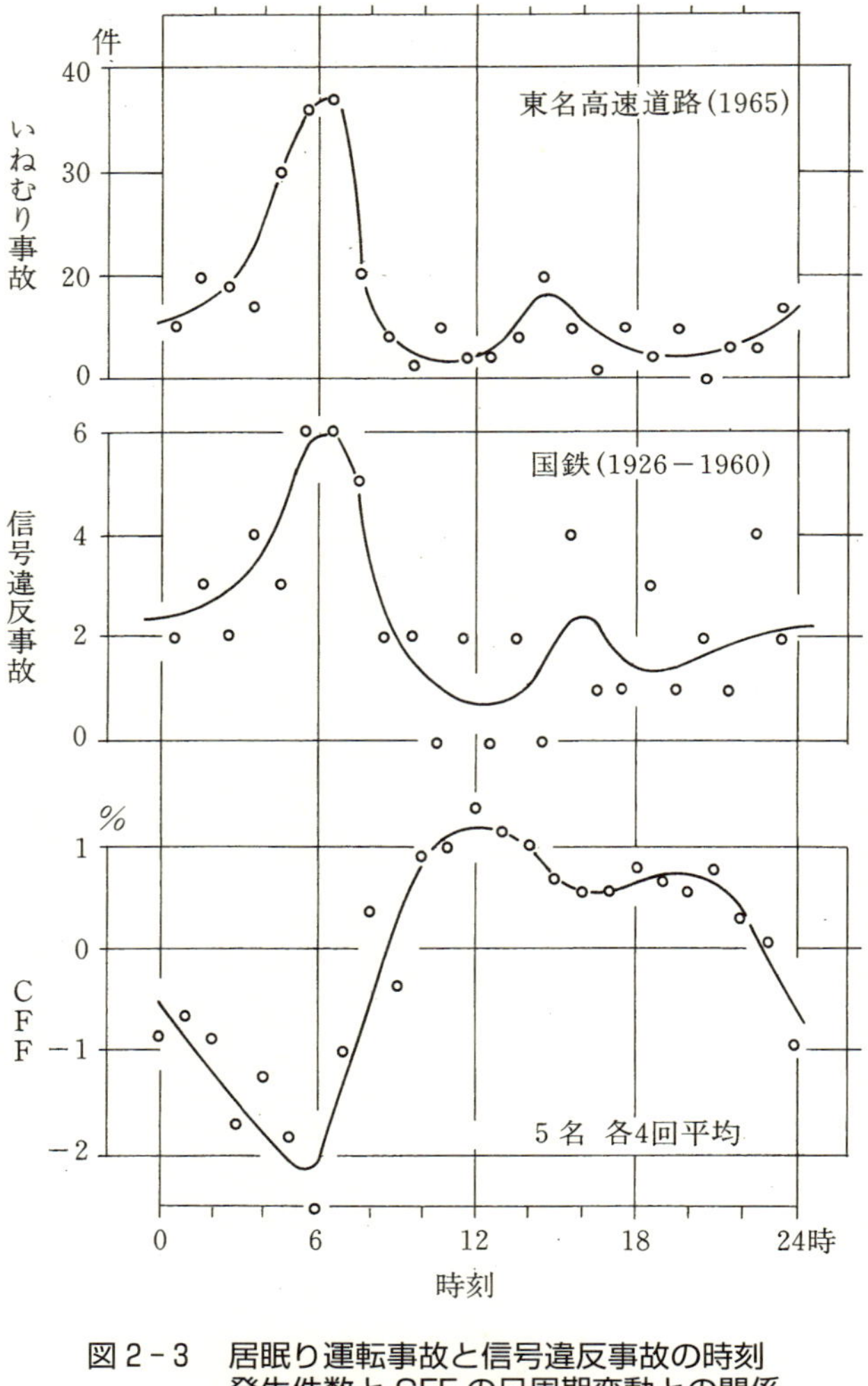

図 2－3　居眠り運転事故と信号違反事故の時刻発生件数と CFF の日周期変動との関係

表2-2　眠気を催す主な医薬品

薬の種類	主な適応症
抗ヒスタミン剤	かぜ、じんましん、ぜん息、乗物酔い、鼻炎、中耳炎
降圧剤	高血圧症
鎮咳剤	せき
睡眠剤・鎮静剤	不眠症、精神不安、てんかん
鎮痛剤・解熱剤	かぜ、歯痛、頭痛
抗うつ剤	うつ病、精神病
精神安定剤	神経症、心身症(胃潰瘍、慢性胃炎、偏頭痛)自律神経失調症
鎮吐剤・鎮暈剤	はき気、めまい、しゃっくり

覚醒水準に影響するいろいろな要因

覚醒水準に影響を与えるのはサーカディアン・リズムだけではありません。水準を下げるものとしては、疲労、単調、アルコール、かぜ薬などがあります。**表2-2**に眠気を催す主な医薬品をあげておきますからご注意ください。

覚醒水準を上げる要因は、刺激の変化、目あたらしさ、興味、怒り、カフェインなどです。

釣りに興味がない人に「浮き」をじっと監視していろと命じたら、きっと三十分もたたないうちに居眠りを始めるでしょう。でも、釣り好きの人は何時間でもやっていています。

仕事に興味を持つこと、持たせることが、作業中の覚醒水準維持、ひいてはヒューマンエラー防止にとても大切なのですね。

錯覚は正常覚

錯覚を期待するシステム

錯覚はエラーでしょうか。答えはイエスでもあり、ノーでもあります。

第1章で書いたように、ヒューマンエラーとは「システムによって定義された許容限界をこえる人間行動の集合」ですから、錯覚が容認または期待されているシステム内ではエラーとはならず、そうでないシステム内ではエラーとなります。あるシステムが容認または期待している範囲の錯覚はエラーでなく、その範囲からはずれた錯覚はエラーである、ともいえます。

「システムが錯覚を期待する」とは奇異な感じをいだかれるかもしれません。しかし現実にたくさんあるのです。

たとえば電光掲示板。右側のランプが消えたら左側がつき、そのランプが消えたらその左がつく、というように次々とランプ、が順に点滅しているのに、目には文字の列が右から左へ流れていくように見えます。

たとえば映画。少しずつ変化する静止画を一秒間に二十四枚の速さで投影しているのですが、俳優さんも動物たちもなめらかに動いているように見えます。３Ｄ映画は偏光メガネを使って左右に別々の絵を見せると、人やものが飛び出して見えます。でも、そんなことをしなくても、私たちの目は、平らなスクリーンに映った映像から奥行きのある立体の世界を見ることができますね。

錯覚はスーパー正常覚

目の錯覚をきわだって強く誘発するように工夫された図形を「錯視図形」といいます。

図2-4は縦の直線と横の直線とが同じ長さですが、縦の方がずっと長く見えるでしょう。

図2-5は細かい斜線の影響で、正方形の縦の辺が歪んで見えます。図2-6は、斜めの線に定規を当ててみてください。段違いに見えたのは錯覚だったと気づくでしょう。

これらの錯視図形は、人間の感覚がとらえる外界の情報が、いろいろなノイズによって歪むことを証明しています。しかし、だからといって人間の感覚器官が劣っているわけではありません。網膜に映った小さな平面像から、対象の距離、大きさ、立体感を把握する人間のすばらしい認識能力が、物理的物差しと感覚とのずれを生むのです。

無意識的に行われる推理

錯視図形の中に「遠近法的錯視図」と呼ばれるものがあります。

図2-7は、有名な「ミュラー・リヤーの錯視」という図形です。

左側はビルの角を外から見た形、右側は部屋の角を中から見た形と同じですね。そうすると、左の縦線は斜めの線に囲まれた面（ビルの壁）よりも手前にあり、右の縦線は周りの面（部屋の壁と天井と床）よりも向こうにあることになります。近くに見える線と遠くに見える線が同じ長さで網膜に映るのですから、近い方（左の縦線）が遠い方（右の縦線）

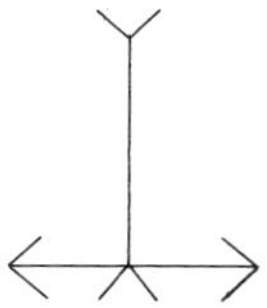

図2-4

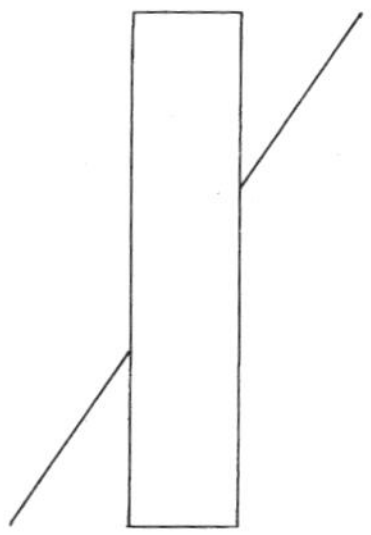

図2-6

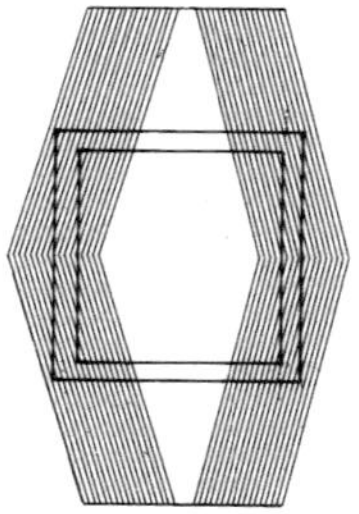

図2-5

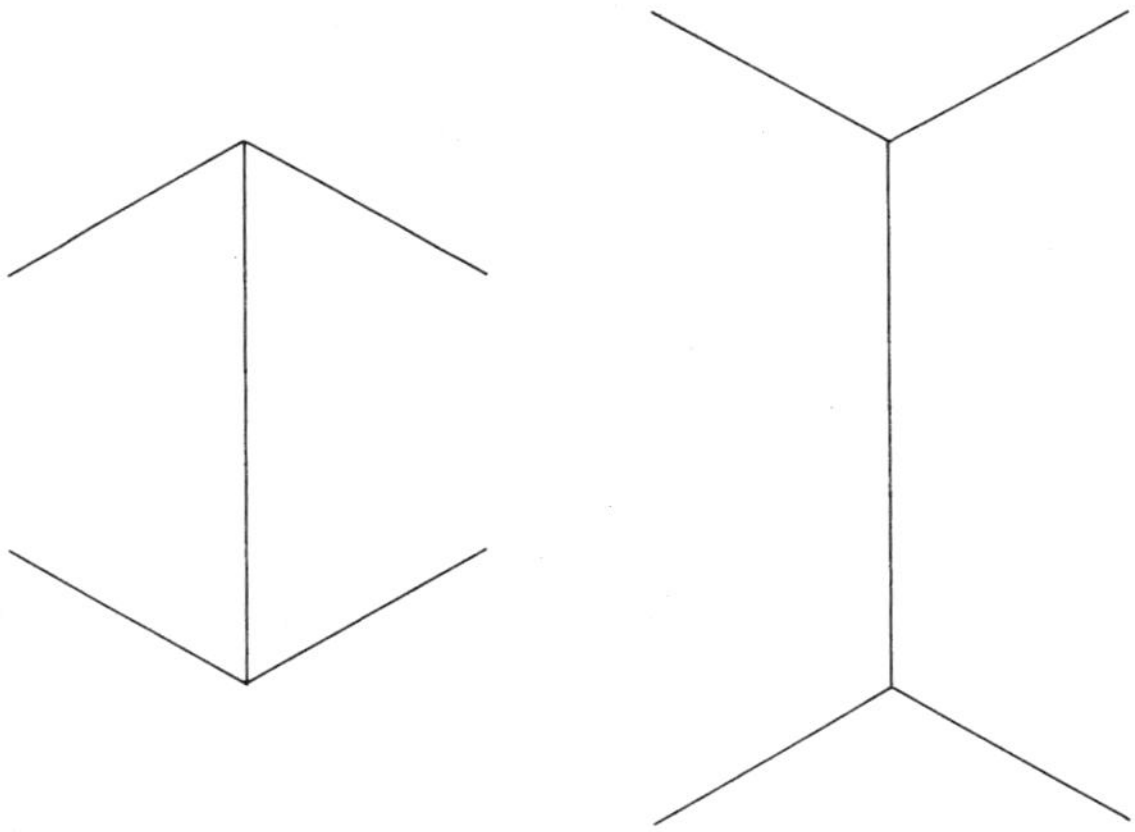

図2-7　ミュラー・リヤーの錯視

よりも短いと判断されるのです。

図2-8の二人の女の子は、どちらが遠くに見えますか？　なぜ右の子の方が遠くに見えるのでしょう。

これは、同じ年頃の子どもの背はだいたい同じくらいだと勝手に思い込み、「小さく描かれている子は遠くに立っているに違いない」と無意識に推理するためだと説明できます。図2-9のように並んで立っていると、右の子が小さいことに気づくのです。

あなたが宇宙船の窓から、漆黒の宇宙に浮かぶ二人の宇宙飛行士を見ているところを想像してください。もし、片方の飛行士が半分の大きさで目に映ったとしたら、あなたはその飛行士がもう一人よりも二倍の距離だけ遠くにいると思うに違いありません。[7]ところが実際には、親子が並んで宇宙遊泳をしているのかもしれないのです。宇宙服の中の幼い顔が目に入るか、二人が手をつなぐかした瞬間に、あなたの距離と大きさの「見え」は劇的に変化するでしょう。

図2－8　右の子は遠くに立っているのかな？

図2－9　右の子は背が低いのかな？

三河島事故

常磐線三河島駅で、貨物列車の機関士が信号を見誤って脱線したところに、下り電車が接触して脱線しました。多くの乗客が駅に向かって線路を歩き出したのですが、なんとそこに上り電車が突っ込んで、脱線していた下り電車に衝突し、脱線、転覆。死者一六〇名、重軽傷者二九六名という大惨事になりました。有名な三河島事故です。一九六二年五月三日、午後九時半過ぎのできごとでした。

この事故のきっかけとなった機関士の信号誤認のプロセスは、次のようなものと推測されています[8][9]。

① 線路がS字にカーブしており、架線の支柱などでいくつかの信号が見えかくれしていた。

② 下り電車が遅れていたことを知らない機関士は、時刻から考えて、そろそろ信号が青に変わるハズだと予測していた。

③ 線路が上り勾配のため、赤信号で止められると再発進が難しいので、早く信号が青に変わってほしいと期待していた。

④ 左から青赤青と並んだ信号の左端が支柱に隠れたあと現れて、こんどは右端が隠れ

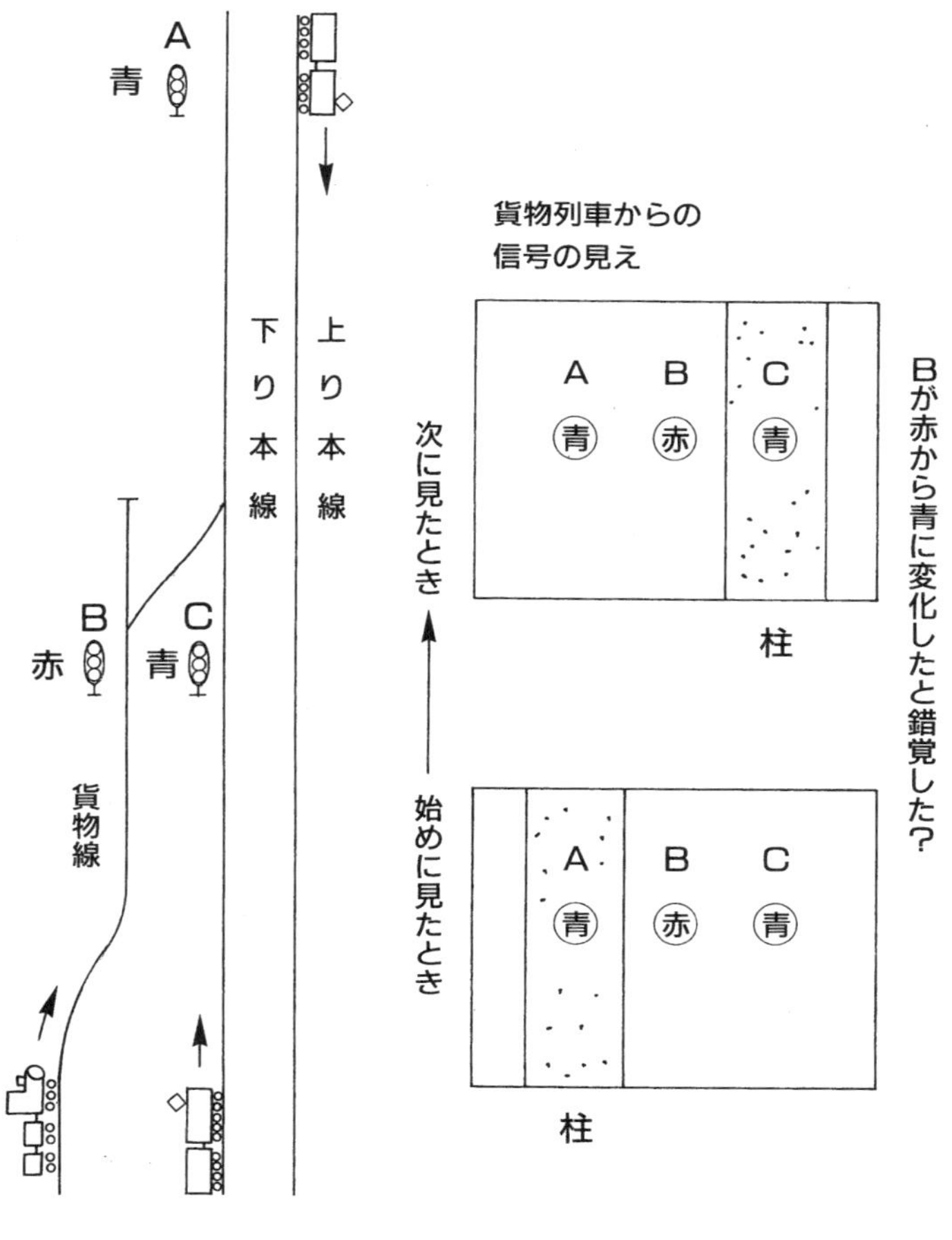

図2-10　三河島事故のとき貨物列車の機関士が信号を見間違えたプロセスの推測[9]

たとき、信号が赤―青から青―赤に変わったものと錯覚した（図2-10）。

錯覚が生じるメカニズム

先ほど、「網膜に映った小さな平面像から、対象の距離、大きさ、立体感を把握する人間のすばらしい認識能力が錯視を生む」と書きました。

同じことが幾何学的錯視以外の錯覚についても当てはまります。すなわち、切れぎれの、あるいは、あいまいな情報を組み立て、前後関係や周辺情報を活用して推論し、意味のある形や変化を認識する能力が錯覚（勘違い）を生むのです。

証拠を示しましょう。

図2-11の12と14を指で隠して真中の文字を読んでください。Bですか？　次に、AとCを隠してみてください。13じゃないですか？

図2-12には三角形が見えますか？　そんなもの画いてありませんよ。面白いことに、この空想の三角形、周りの紙の地の色より白く見えます。

人間のすばらしい推理能力、これに予測や期待が織りまざって三河島事故のような大惨事が起きるのです。

12

A　13　C

14

図2-11

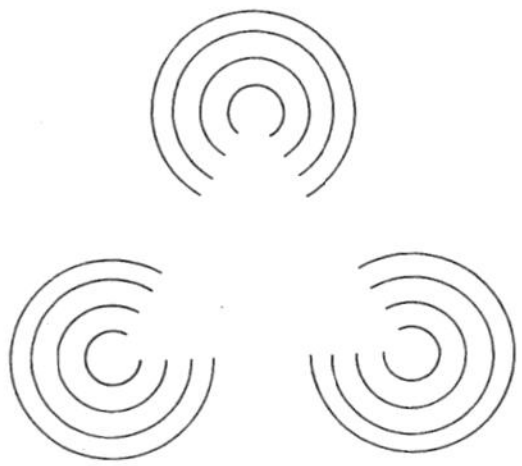

図2-12

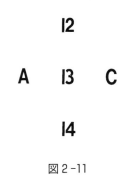

「忘却」を科学する

二つの記憶

携帯電話で通話中に「ここに電話をしてください」と番号を言われたとき、近くにメモ用紙も筆記用具もない場合、どうしますか?

7~8桁なら、いったん電話を切ってからその番号にかけ直すまで、頭の中で番号を唱え続ければ何とかなります。

一時的に頭の中にメモしただけの電話番号の記憶と、自宅の電話番号の記憶とは、ずいぶん性格が違います。前者を「短期記憶」、後者を「長期記憶」と言います。

短期記憶の中の情報は、常に意識を集中していないと、すぐに消えてしまいます。話しかけられて答えたら、もう忘れています。

暗記しようと努力して、頭の中や口に出して唱えることを、認知心理学の用語で「リハーサル」と呼びます。

情報をリハーサルしながら、ある程度長く短期記憶にとどめておくと、その情報は長期記憶に移ります。

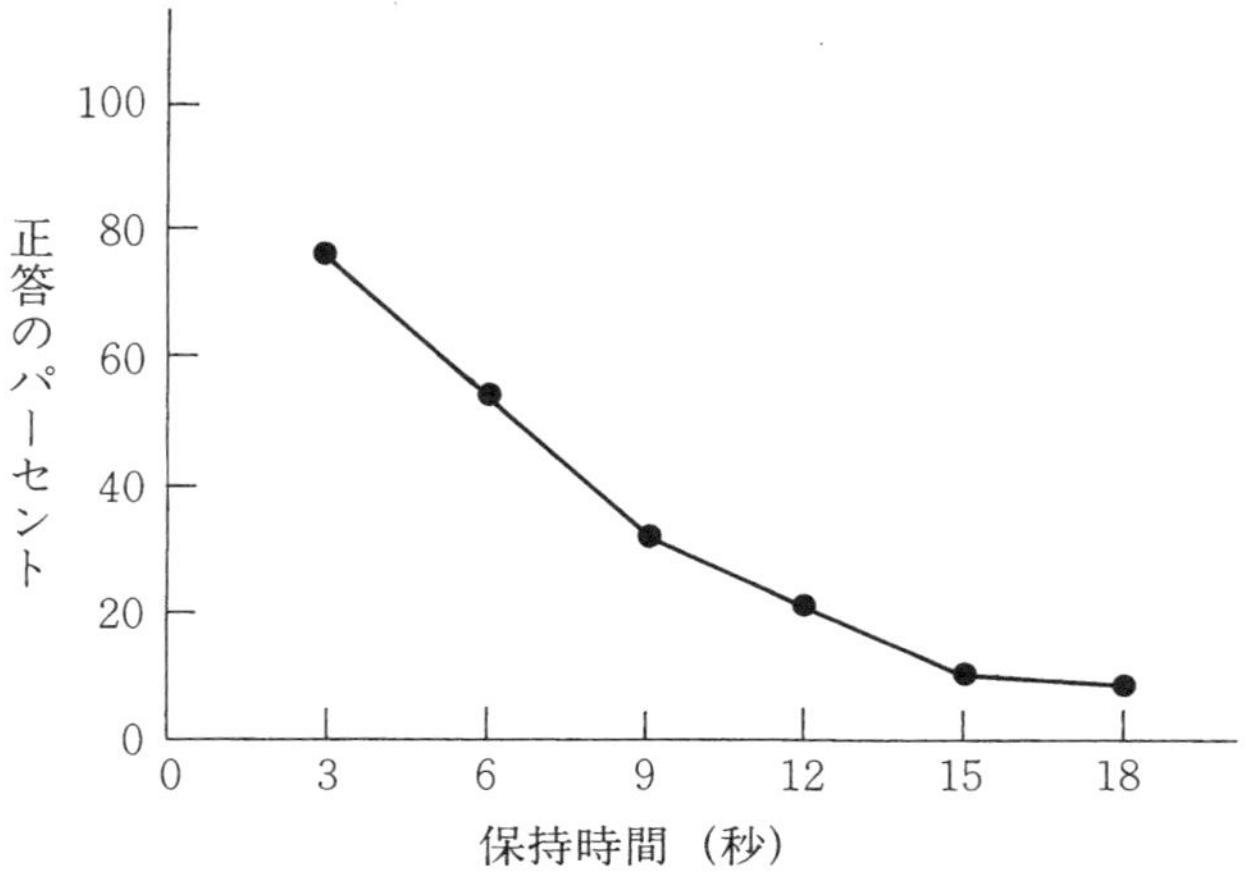

図2-13　短期記憶から情報が失われていく時間的経過[10]

こうなったらしめたもの。注意（意識）をそらせても、また思い出すことができるのです。

短期記憶の寿命

リハーサルしないとき、短期記憶はどのくらい「短期」に消失するかを、ピーターソン夫妻が実験しました[11]。

まず、三つの文字（たとえばＳＹＨ）を二秒間見せます。次に指定した数、たとえば六八四から三ずつ六八一、六七八と逆算した答を言わせます。何秒間かして、逆算作業を打ち切って、初めの三文字を思い出させます。

逆算作業の長さを変えて、何度も繰り返します。この実験の結果は図2-13のようになりました。二〜三秒で三つのうち二つくらいしか答えられず、六〜七秒たつと一つしか思い出せません。十五秒以上逆算作業をすると、もうまぐれ当たりくらいの確率でしか正答できなくなりました。

短期記憶の寿命は十五秒程度らしいのです。

長期記憶に情報が増えない患者

一九五〇年代のカナダに、Ｍさんという、脳の手術を受けた後に新しいことをまったく覚えられなくなってしまった人がいました。たとえば病室でＭさんにある人を紹介して、二人がしばらく話をします。Ｍさんの会話能力は普通の人と変わりません。ところが、相手がいったん病室を出て五分後に戻ってくると、Ｍさんは、この人のことをなにも覚えていないのです。会った記憶もないのです。しかし、Ｍさんは、手術前のことをよく覚えています。電話番号や単語のリストを短い時間記憶している能力も、正常な人と変わりません。

どうやら、Ｍさんは、脳の一部を手術で切り取られたために、短期記憶の情報を長期記憶に移す能力を失ってしまったらしいのです[12]。

我々も歳をとると、昔のことはよく思い出すけど、新しいことはなかなか覚えられなくなります。長期記憶を更新する力が衰えるせいでしょう。

二種類の忘却

短期記憶と長期記憶の関係は、図2-14のようにまとめられます。

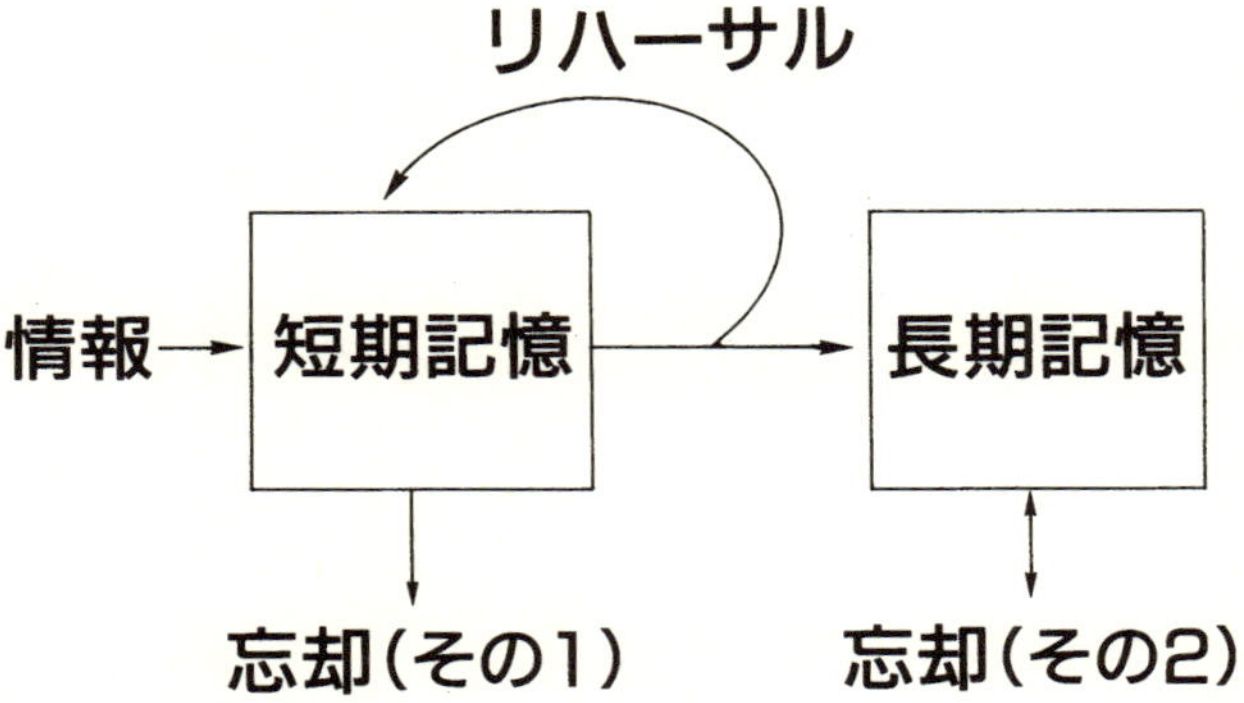

図2-14　記憶のモデル

見たり聞いたりした情報は、いったん、「短期記憶」の中に収められます。その情報（言葉やイメージ）を口に出したり頭の中で反復するのが「リハーサル」です。短期記憶の中の情報は、リハーサルによって「長期記憶」に運ばれるか、永久に失われてしまうか、二つに一つの運命をたどります。短期記憶からの情報の消失が「忘却その1」です。

いったん、長期記憶に入った情報は、決して失われることはないと考えられています。ただ、情報が取り出せなくなることがあるのです。これが「忘却その2」です。

なぜ情報が取り出せなくなるのか

なぜ情報が取り出せなくなるのかについ

て、いくつかのメカニズムが考えられます。

その一つは、後から記憶した事柄が前に記憶した事柄を思い出すのを妨害するというもので、「逆向干渉」と呼ばれます。新しいことをいろいろ覚えたら、前に覚えたことを忘れてしまった、という現象です。

第二は、逆に、前の記憶が後の記憶のじゃまになる「順向干渉」と呼ばれるメカニズムです。これは、イギリスのアンダーウッドという心理学者の行った実験で明らかになりました[13]。彼はまず、ムスハとかウリマとかの無意味な言葉のリストを学生に記憶させ、百パーセント暗記してから二十四時間後にテストをします。このとき、だいたい二〇パーセントくらい忘れています。次に、別の無意味言葉のリストを暗記させ、また二十四時間たったらテストします。このように、記憶→テストを何度もくり返すと、だんだん成績が悪くなり、二〇回目のテストでは、同じ二十四時間のうちに八〇パーセントも忘れてしまいました。

いったん覚えたことを忘れてしまう第三のメカニズムは「検索失敗」と呼ばれるものです。人の名前や英単語の意味や漢字など、確かによく知っているはずなのに、どうしても思い出せないことがあります。そんなとき、何かヒントがあれば、パッと思い出します。

たでしょう。学校の試験でも、答を自分で書く問題よりも、選択肢の中から選ぶ問題の方がやさしかっ

情報のしまわれ方

それでは、ここで漢字のテストをします[14]。木へんにカタカナのノを三つ、なあに…スギ。木ヘンにマイニチ新聞のマイ、なあに…ウメ。木へんにオオヤケ、なあに…マツ。木へんにオナジ、なあに…キリ。それでは、木へんにイッスンボウシのスン、なあに…

最後の問題すぐできましたか？　植物の名前ばかり探しているとなかなか答えが出てきませんよ。

長期記憶は知識のいっぱいつまった大きな物置です。杉、梅、松、桐などは同じ棚に並んでしまってあるのに、村は県や市や町のある棚を探さないと見つからないのです。

物置に、ずっと昔にしまった品物を久し振りに取り出そうとするとずいぶんと苦労します。最近入れたばかりの物でも、整理が悪いと出てきません。一番簡単に見つかるのは、しょっちゅう出し入れしている品物ですね。

もう一度、**図2-14**を見てください。「長期記憶」と「忘却（その2）」の間の矢印は両方

を向いています。この忘却は、情報が消えてなくなるのではなく、見つからないだけなのですから、何かの手がかりが得られれば、また思い出す可能性があることを示しているのです。事実、一度忘れたことでも、二度目に勉強する時は一度目より早く覚えられます。そして、記憶の痕跡は強く残るので、前より忘れにくくなります。

長期記憶という物置から必要なときにすばやく情報を取り出せるよう、大事なことは何度も復習し、情報の出し入れを頻繁にしておくのがよいのです。

思い出し忘れ

忘却にはもう一つ別のタイプがあります。

それは「思い出すことを忘れる」ことです。聞かれれば必ず答えられるのに、自発的に記憶の検索が行われない、つまり、「思い出せない」のではなく「思い出さない」のです。ヒューマンエラーとしては、「失念」とか「オミッション（省略）エラー」という形で現れます。

未来に行うことを意図した行為の記憶を、心理学では「展望的記憶」といいます。[15] 展望的記憶の特徴は、行為を意図してから実行するまである程度の時間間隔があること、そしてその間、行為の意図が一度意識からなくなり、それを再度タイミングよく自発的に思い出す必要があることです。なんだかよく分からないという人のために次の例をあげましょう。

朝、出がけに奥さん（または夫）から「帰りに牛乳を買ってきて」と頼まれたと思ってください。あなたは「会社帰りに駅前のコンビニで牛乳を買う」という予定を記憶します。その後、仕事の間は牛乳のことを忘れています。忘れているといっても意識しないだけで記憶から消えたわけではありません。昼休みにふと思い出したりします。でも昼休みに思い出してもダメなのです。仕事を終えて、電車に乗り、自宅の最寄り駅に降りたときに思い出さないと意味がありません。あなたはそのタイミングで思い出さず、帰宅したときに奥さん（または夫）から「牛乳は？」と聞かれて、「あっ、しまった！」と失敗に気づきます。「あっ、しまった！」と思うということは、記憶はちゃんと残っていた証拠です。でも、タイミングよく、自発的に思い出すことに失敗したのです。

これが展望的記憶の失敗です。

電気工事が終わった後にブレーカを復位する、バルブを閉めて行った配管工事の後でバルブを開け忘れる、手術のあとでガーゼを体内に置き忘れるなど、展望的記憶は事故の原因になりやすいので要注意ですね。

思い出す手掛り

展望的記憶の失敗を防ぐには、思い出す手掛りをタイミングよく与える必要があります。思い出す手掛りのことを「リマインダー」といいます。

リマインダーには二つの要素があります。思い出す内容に関する「メッセージ」と、思い出すという行動のきっかけを与える「シグナル」です[16]。

「十五時ちょうどにイ号バルブを開ける」などとノートに書き込むメモがメッセージ、十五時ちょうどに目覚し時計をリーンと鳴らすのがシグナルです。この二つの要素を兼ね備えたリマインダーがもちろん最高です。「イ号バルブ開けよ」などと十五時ちょうどに音声が出る装置とか、翌朝一番にやるべき仕事を机の上に広げて帰るとかですが、簡単にいつも用意できるというわけにはいきません。

オミッション・エラーの対策として、チェックリストの整備など、メッセージ型のリマインダーを増やすことが多いのですが、シグナル型の対策をもう少し検討した方がよいように思います。

上手に記憶する方法

マジカルナンバー・セブン

DTAVH。

はい、顔を上げて暗唱してください。合ってましたか。簡単ですね。今度は少し長いのをいきます。

NGMLDCCDQR

一度読んだだけで覚えられた人は天才です。でも、我々凡才にもこの文字列は簡単に暗記できるのです。実は二文字ずつ区切ると意味のあるまとまりになるからです。ノーグッドのNG、メーリングリストのML、直流電気のDC、コンパクト・ディスクのCD、二次元バーコードのQR。十文字を丸暗記するのは大変ですが、五つの言葉なら何とか覚えられそうですね。

DOGCATPENINKTOP

今度は覚えられたでしょう。三文字ずつに区切ると五つの英単語になるので、それを暗記すれば簡単に十五文字のリストを再現できるのです。本書の読者にあまり集中して記憶をしてもらうのは負担だと思い今回は五項目にしましたが、いっしょうけんめい頑張れば、皆さんも七項目くらい行けるはずです。

今テストをした記憶は、前に述べた「短期記憶」というタイプです。短期記憶に一度蓄えることのできる情報の数は七個前後であることが、いろいろな実験で確かめられています。しかし、情報の単位を大きくまとめれば、七個程度の「まとまり」を覚えることによって、実質的には相当たくさんの情報を記憶することができるのです。このような実験を繰り返したアメリカの心理学者ジョージ・Ａ・ミラーは、『マジカルナンバー７±２』という、ユニークな題の論文にして発表しました[17]。

イメージ化

古代ギリシャでは弁論術が発達し、有名な雄弁家を輩出しました。この人たちは長い演説を暗記するために「記憶術」を使ったようです。

そのやり方は、まず、いくつも部屋のある大きな建物を思い浮かべます。次に、覚えたい事柄を具体的なイメージにして、建物の中に置いていきます。思い出す時は、自分が建物の中に入って歩く姿を頭に思い描きながら、暗記した事柄のイメージを拾い上げていくのです。

建物の代わりに、毎日家を出てから会社に着くまでの道でもかまいません。犬、本、桜、机、コップ……というリストを覚えるには、家の玄関に犬がいる所を想像し、曲がり角のタバコ屋のショウケースにはなぜか今朝は本が並んでいる、バス停の横には桜が満開、バスに乗ったら中に机があって勉強している人がいる……というようにイメージ化していきます。この方法を練習すれば、七個よりもずっと多い情報を能率よく長期記憶に固定することができるようになります。

語呂あわせ

電話はヨイフロ、とか、ミヨイクログロとか、数字で語呂あわせが作れるのは日本語のいいところです。英語ではこういう芸当ができないので、数字と文字の対応表をわざわざ作って暗記する一種の記憶術が考え出されています。

「水兵リーベ僕の船」と唱えて元素の周期表を覚えたり、「いい国作ろう鎌倉幕府」と年表を暗記したり、語呂あわせは受験勉強でずい分お世話になりました。語呂あわせで作った言葉をさらにイメージ化すれば、もっとよく覚えられるでしょう。

○○○行
たばこ

ソニー教育システム研究室の友寄英哲さんは、この方法で円周率を何と四万桁も暗唱して、ギネスブックに載っているそうです[18]。

注

（1）D・A・ノーマン（富田達彦訳）『記憶の科学』紀伊國屋書店、一九七八年。
（2）ブロードベント（D.E. Broadbent）、チェリー（E.C. Cherry）、モレイ（N. Moray）、トレイスマン（A. Treisman）らをあげることができます。
（3）増田康祐・芳賀繁「携帯電話への文字入力が注意、歩行、メンタルワークロードに及ぼす影響：室内実験によるスマートフォンとフィーチャーフォンの比較」人間工学、第五一巻第一号、五十二～六十一頁、二〇一五年。
（4）Haga S., Fukuzawa K., Kido E., Sudo Y., and Yoshida A., Effects on Auditory Attention and Walking While Texting with a Smartphone and Walking on Stairs Proceedings Part 1 18th International Conference HCI International 2016 Toronto Canada, pp.186-191, 2016.
（5）注（1）にあげた本に紹介されています。
（6）橋本邦衛『安全人間工学』中央労働災害防止協会、一九八四年。

（7）見えの大きさと見えの距離の比が一定になるという「大きさ・距離不変の法則」に基づきます。
（8）鶴田正一『事故の心理―交通環境と人間の行動特性―』中央公論社、一九六八年。
（9）財団法人鉄道総合技術研究所（監修）『安全のキーポイント―ヒューマンエラーの防止―』社団法人日本鉄道運転協会、一九八九年。
（10）R・L・クラッキー（箱田裕司・中溝幸夫訳）『記憶のしくみ』サイエンス社、一九八二年。
（11）Peterson L.R. and Peterson M.J. Short-term retention of individual verbal items. *Journal of Experimental Psychology*, Vol.58, 193-198, 1959.
（12）G・R・ロフタス&E・F・ロフタス（大村彰道訳）『人間の記憶』東京大学出版会、一九八〇年。
（13）Underwood B.J. Forgetting. *Scientific American*, reprint 482, 1964.
（14）注（8）にあげた文献をヒントにしました。
（15）梅田聡「展望的記憶―意図の想起メカニズム」、森敏昭（編著）『おもしろ記憶のラボラトリー』、七七～一〇〇頁、北大路書房、二〇〇一年。
（16）Norman D.A. *Psychology of Everyday Things*. Basic Books, New York, 1988.
（17）Miller G.A. The magical number seven, plus or minus two: Some limits on our capacity to process information. *Psychological Review*, Vol.63, 81-97, 1956.
（18）講談社Quark編集部『賢い脳の作り方』講談社、一九九〇年。

第3章　ヒューマンエラーひとそれぞれ

エラーをおかしやすい人

エラーや事故をくり返す人

この本の冒頭で、私は生まれついてのエラー人間だと書きました。残念ながらその後、少しも改善のきざしが見えません。会議を何度もすっぽかすわ、家の鍵はなくすわ、妻の誕生日にプレゼントを買い忘れるわ、駅弁を買っている間に新幹線に乗り遅れるわ、最近もいろいろありました。

毎年、正月がくると今年こそは、と思うのですが、私のエラー癖は決意や心掛けだけでは治りそうもありません。まあ、事故を起こしたり、人に大きな迷惑をかけなかったのだからよしとしましょう。しかし、私の仕事が列車の運転士や化学工場のオペレーターだったら無事ではすまなかったかもしれません。実際、バスやタクシーの運転手さんの中には、何度も事故をくり返す人のいることが知られています。このような人を「事故反復者」といい、このような人が持っていると思われる、事故を起こしやすい人格または行動特性のことを「事故傾性」または「災害傾性」と呼びます。

事故反復者と事故傾性

交通事故や労働災害やオペレーション・エラーを対象に、一定期間以上、同じ仕事についている人の中で、事故を一度も起こしていない人と、二回以上事故を起こした人とを比較する研究が数多く行われています。それらの研究によると、事故反復者は気分が不安定で、自分の行動を抑制する力が弱く、攻撃的で、自己中心的で協調性に欠ける者が多いようです。また、社会的な適応異常者が多いという報告もあります。

しかし、ここでぜひとも注意していただきたい問題があります。それは、事故を二〜三度くり返したからといって、その人を性格的に問題のある人とか、その仕事に向かない人ときめつけないでほしいのです。

人間は誰でもある確率でエラーをおかします。ある周期で不注意の状態がおとずれます。偶然、異常なできごとに遭遇することもあります。ここで仮に、事故が完全な不可抗力、すなわち、作業者の性格や態度とは無関係に発生すると仮定しましょう。このとき、すべての作業者は一様に事故を起こすと思いますか？　いいえ、この場合でも、ある人は無事故、ある人は（運悪く）二度三度と事故に遭うのです。

たとえば、従業員百人の工場で五年間に二〇件の労災が発生したとします。もし、すべての従業員が同じ確率で災害を起こすと仮定すると、無災害の者が八十二名、一回だけ災害を起こす者が十六名、二回以上災害を起こす者が二名という割合になります。もっと人数が多ければ、事故を三回四回と反復する者も、ある確率で必ずあらわれることになります。

このような分布を統計学では「ボアソン分布」と呼びます。(1)

「運命のいたずら」で事故反復者になってしまう人のほか、他の同僚に比べて事故が起きやすい仕事を担当している人、まだ十分に作業に熟練していない人、作業に必要な知識が不足している人などは、確かに事故を起こしやすいけれども決して事故傾性の高い人ではありません。

事故傾性とは何か

事故傾性とは、「事故発生につながりやすい、ある程度持続的な個人の心理的諸特性」と定義されます。

「持続的」とことわるのは、そのときの気分とか、飽きとかの一時的な心理状態を含めないためです。「心理的諸特性」ですから、年齢や作業への熟練度、体格、体力などは含まれません。幼稚園児が自動車を運転したり、泥酔した人が高所作業をしたら事故は免れないでしょうが、このような人のことを事故傾性が高いとはいわないのです。

それでは、どのような人が事故傾性が高いのかを知るために、「ある程度持続的な個人の心理的諸特性」と事故との関係を調べてみましょう。

知能と事故

知能テストの成績と災害を起こす率の関係はU字形曲線を示すという説があります。すなわち、知能の低い人も高い人も普通の人より事故を起こしやすいというのです。しかし、それを裏づけるデータは作業内容や教育訓練、人員配置などの要因を十分にコントロールしていないように思われます。たしかに、知的能力がある程度なければ危険な職種もあれば、高過ぎる知能がかえってじゃまになる作業もあります。

しかし、一般的に、知能の低い人や高い人が事故傾性が高いとはいえないと思います。

性格と事故

事故者の性格・態度の特性に関しては、たくさんの研究報告がありますが、総括すれば次の3点にまとめられます[2]。

① 情緒不安定……神経質、緊張過度、気分が変わりやすい、抑うつ性（沈みがち）、感情高揚性（怒ったり、泣いたり、はしゃいだりしやすい）

② 自己中心性……非協調的、主観的、共感性欠如（思いやりがない）、攻撃的、ルール無視

③ 衝動性……自己制御力欠如、軽率、無謀

知覚と反応の傾向と事故

視覚や聴覚から対象を速く正確に認識する能力と、合図などにすばやく反応して動作をおこす能力との関係が問題です。

後者（運動機能）が前者（知覚機能）を上回っている人に事故が多いからです[3]。このような人は、事態をよく認識する前にからだが動いてしまうので、エラーをおかしやすいのです。

また、ある対象を認識する時に、その対象がおかれた背景からの影響を強く受けるタイプの人は、背景の影響をあまり受けない人に比べて事故が多いという研究報告もあります[4]。

反応時間のバラツキも問題です。

九州大学名誉教授の松永勝也先生[5]の研究によると、反応時間のバラツキが大きい人が交通事故を起こしやすいそうです[6]。ドライバーは、自分の固有の反応時間に応じた速度と車間距離を保って自動車を運転していると考えられます。反応が普段よりうんと遅くなったら追突事故を起こしてしまうでしょう。

赤信号の手前で、前の車にヒヤッとするほど接近してしまった経験はありませんか？前の車が急停車したなんて思っていたら大間違いかもしれませんよ。

作業性と事故

作業の質や速さに個人差があることはいうまでもありません。スピードは速いが作業が不正確な人、初めは人一倍がんばるがすぐに疲れてしまって調子を維持できない人、ムラの多い人などは、やはり、事故を起こす確率も高いようです。

作業性を測る代表的なテストが、内田クレペリン検査です。この検査では、受検者に横に並んだ一桁の数字の隣り同士を足し算する作業を三十分行わせ、一分ごとの作業量の変化パターンから受検者の作業性を判定します。途中五分間の休憩の後で、どの程度疲労が回復したかも大事な指標です。

ＪＲの駅で転てつ器などを扱う人を対象とした調査によると、内田クレペリン検査で作業性が「やや悪い」と判定された人は、「良い」と判定された人よりも約一・五倍事故率が高かったと報告されています(7)。

適性検査

事故傾性を持つ人に特徴があるならば、それをテストして、そういう人を危険な仕事につけないようにしたい、という発想がなりたちます。実際、鉄道各社では、この目的で適

性検査が開発され、実施されています。

鉄道の運転士になるためには、国土交通省令に従った適性検査に合格しなければなりません。

信号やポイントを扱う人や駅で発車の合図をする人も、それぞれ定められた検査を受けなければなりません。鉄道の高い安全性は、この適性検査制度によっても支えられているのです。

しかし、将来、事故を起こすかもしれない人をテストで百パーセント予測することは絶対にできません。わずか数時間のテストでは、その個人について、たいしてわからないからです。かりにわかったとしても、事故の要因の中に占める個人の資質の要因というのは一部にすぎません。環境、教育、管理、作業システム、職場の雰囲気などさまざまな要因が事故発生に関与します。それに、人間であるかぎり、誰もがヒューマンエラーをおかす確率を持っています。その確率の高低をある程度予測することはできますが、確率ゼロの人だけを採用することはできないのです。

そこで、適性検査の使い方としては、事故者を予測して排除するよりも、個人個人の特徴に応じてきめ細かく安全指導を行うための参考資料として使うのがよいと思います。

わざと危ないことをする心理

危険なことはおもしろい!?

先日のテレビで、成人式を終えたばかりの男女六人の乗った乗用車がカーブを曲がりそこねて横転し、全員が死亡したというニュースを伝えていました。速度計は時速一一〇キロを示したまま止まっていたそうです。どうして若者たちは、そんなにムチャな運転をするのでしょうか。

前節で、事故を起こしやすい人の性格として、情緒不安定、自己中心性、衝動性の三つをあげました。あなたも若い頃を振り返れば、この三つとも今より強かったのを思い出すでしょう。一般に若者は、おじさん、おばさんよりも事故傾性が高いといえます。

普通免許が取れるのは十八歳からなので、若年には運転未熟練者が多いという要因もあります。

しかし、もう一つ、重要な要因として、「危険の効用」（リスク・ユーティリティー）があります。危険なことはおもしろいのです。危険なことはカッコイイのです。

一般に、危険の効用として、ストレス発散、攻撃本能の満足、他人（とくに仲間）にかっ

こよくみせること、気分の高揚、現実からの逃避などがあります[8]。

リスク・テイキング

危険を感知し、危険の大きさを評価することを「危険知覚」（リスク・パーセプション）または「危険認知」（リスク・コグニション）といいます。危険を知覚した上で、あえて行動することが「危険敢行」（リスク・テイキング）です。

ふつう、英語で危険のことは、デインジャーで表されますが、これは、安全をおびやかす物理的状態のことです。しかし、ここで問題にしている「危険」は英語でリスクと表されるタイプの危険で、

リスク＝被害×確率

と定義されます[9]。

リスクが無視できるほど小さいと判断するか、成功したときにリスクに見合うだけの報酬や満足が得られると判断したとき、リスク・テイキングが行われます。産業現場でいう「不安全行動」もリスク・テイキングです。マニュアル通りの作業を面倒くさく思い、違反したときのリスクが無視できるほど小さいと判断して起こすからです。

あるいは、暴走する若者の例のようにリスクそのものに効用（価値）を見出して、リスク・テイキング行動をとる場合もあります。失敗すれば、もちろんヒューマンエラー。それも、多くの場合、事故という形をとります。

リスク・テイキングをしてもエラーにならなかったら、次もうまくいくだろうと考えて、主観的な失敗の確率が下がり、リスク・テイキングを繰り返す可能性が高まります。それによって、事故を起こす客観的な確率を上げていることに気づきません。

事故を調べる前にヒューマンエラーを、ヒューマンエラーを調べる前にリスク・テイキングを調べることが大切です。

安全態度を測る

日常生活のリスク・テイキング

駅の階段を昇っていく途中で、発車ベルが鳴り出しました。あなたは猛然とダッシュ。この電車を逃すと遅刻かな？　降車客が階段にどっとあふれて走りにくい。「ごめんなさい！」「失礼！」「スミマセン！」

閉まりかけのドアに突進してゴッン。「しまった」と思ったら、もう一度ドアが開いて、すべり込みセーフ。

こんなことを毎朝やっていると、そのうちケガをしますよ。あなたがネンザをするくらいで済めばまだしも、ぶつかった相手が階段からころげ落ちて大ケガをしたら、どう責任をとるつもりですか。

交通信号が黄色に変わったのを見て「エイヤッ！」とばかりにアクセルを踏む。熱湯の入ったポットを持ったまま戸棚を開けてカップを取り出す。押入れの天袋に物をしまうときに座面が回転する椅子の上に立つ。すぐ帰ってくるつもりでストーブをつけたまま出かける。私たちも日頃けっこうリスクをおかしていますね。

安全態度調査

立教大学名誉教授の正田亘先生[10]は、このような日常生活にみられるリスク・テイキングについての意見を聞くことによって、個人個人の安全に対する態度を測定する試みをしています。[11]具体的には、表3-1にあげた行動について、「非常に危険である」から「非常に安全である」まで十一段階で評定させるのです。[12]

「態度」とは、個人の意見や行動の基礎となる心理的「構え」です。したがって、「意見」を調べることによって「態度」を測ることができれば、その人の「行動」を推測することが可能になるはずです。すなわち、リスク・テイキング行動を容認するような意見を持っている人は、安全態度が低く、したがって、自らもリスクをおかす行動を多くとるに違いないのです。

安全態度とリスク・テイキング

正田先生は実験でこのことを証明しました。

実験の課題は、7×7のマス目にランダムに配列された0〜48の数字を順に探し、棒で押していく「注意配分検査」です。被験者には左手に指輪型の電極をはめてもらい、次のような説明をします。

表3-1　安全態度調査票(11)

Aスケール	
1	タバコをすいながら車を運転しない
2	廊下にはワックスを十分にぬる
3	泳ぐ時間があまりないときは、着がえたらすぐ海にとびこむ
4	踏切で警報機がなり始めたら、電車がまだ見えなくてもすぐ渡るのをやめる
5	スケートをするときは、必ず手袋をはめる
6	いそいでいるときは、少々制限速度をオーバーして車を運転する
7	ストーブのまわりに、かこいをしておきさえすれば、子どもがストーブの近くへ行っても危なくない
8	非常に暑いときは、生水でも飲む
9	遊び場がないところでは、子どもを道路で遊ばせる
10	いくら寒くてもポケットに手を入れて歩かない
11	就寝前には必ずガスの元栓をしめる
Bスケール	
1	外出のとき、就寝のときは必ず火の元を確かめる
2	赤ちゃんの顔までふとんをかけない
3	道を歩くときは、何人もならんで歩かない
4	廊下にはいろいろな物をおいておかない
5	いくら寒くてもポケットに手を入れて歩かない
6	ストーブのまわりに、かこいをしておきさえすれば、子どもがストーブの近くへ行っても危なくない
7	廊下には十分ワックスをぬる
8	工事中のビルの下が通行止めになっていなければ通りぬける
9	睡眠不足でもいそぎの用事のあるときは車を運転する
10	湖上、池の上などで立ち上がって、こぎ手の交替をする
11	遊泳禁止のところでも、泳ぎやすそうで誰も見ていなければ泳ぐ

表3－2　安全態度とリスク・テイキング

リスク・テイキング ＼ 安全態度	電撃を受ける前に止めた	電撃を受けるまで止めなかった	合　計
高　い	19	10	29
低　い	9	20	29
合　計	28	30	58

「……ある一定の時間がきたらこちらでブザーを鳴らします。できるだけ数字をたくさん押したほうがいいのですが、電気ショックを避けようと思うなら、ブザーが鳴ってから十秒たつ前に〝やめる〟と言ってください、そうするとこちらでスイッチを切ります。」

実験に参加した五十八人の被験者のうち三十人が、電気ショックを受けるまでリスクをおかして作業を続けました。じつは、被験者の半数は、先の安全態度調査で安全態度が高いと判定された人、残り半数は低いと判定された人だったのですが、電気ショックを受けた三十人の中に安全態度が高かった人が十人含まれていたのに対し、安全態度が低いと判定された人は倍の二十人もいたのです（表3－2）。

ブザーがなった……
1・2・3……
やめよ～か～
ドキ
ドキ

あなたのエラータイプをチェックする

誤りに強い人と弱い人

筑波大学名誉教授の海保博之先生[13]は、自分がすぐに誤りをおかしてしまう人、他人の誤りに我慢がならない人を「誤りに弱い人」、反対に、自分がめったに誤りをおかさない人、他人の誤りに寛容な人を「誤りに強い人」と呼んでいます[14]。そして、自分が誤りやすいかどうかと、他人の誤りに寛容かどうかを組み合わせて、四つのタイプに分けられると言います。

つまり

①自分が誤りをおかしやすいので他人の誤りに寛容な人＝創造型・おっちょこちょい型

②自分はめったに誤りをおかさないのに他人の誤りに寛容な人＝じっくり型・ぼんやり型

③自分はめったに誤りをおかさないので他人の誤りに我慢のならない人＝ていねい型・ねちねち型

④自分もすぐに誤りをおかしてしまうのに他人の誤りに我慢がならない人＝てきぱき

課長
なにをやってるんだ!
大丈夫!
しっくり・ぼんやり型
ていねい・ねちねち型
よくあるんだ～
ちゃんとしないから
てきぱき・うるさ型
創造・おっちょこちょい型

型・うるさ型
あなたがどのタイプに入るかちょっと調べてみましょう。

四つのエラータイプ

海保先生によると、性格特性として活動性、衝動性、気軽さの多い人はエラーをおかしやすいタイプ、非活動的、心配性、熟慮型の人はエラーをおかしにくいタイプです。

一方、他人のエラーに対する態度は秩序感覚が鋭いか鈍いかで決まります。

秩序感覚が鋭いのは「てんかん質」と呼ばれるタイプの人で、きちょうめん、綿密、ていねい、義理がたい、倹約家、きちんとしている、というような特徴を持っています。なぜか、やせ型か筋肉質の人が多いようです。

秩序感覚の鈍い人は、「そううつ質」の人で、社交的、親切、友情が深い、明朗、おしゃべり、活発、ときどき落ち込む、というようなタイプです。なぜか、丸みをおびた体型の人が多いようです。

さて、これであなたの性格特性と秩序感覚を判定して、**図3-1**からあなたが①〜④のどのエラータイプに属するのか調べてください。あなたの上司はどうですか。

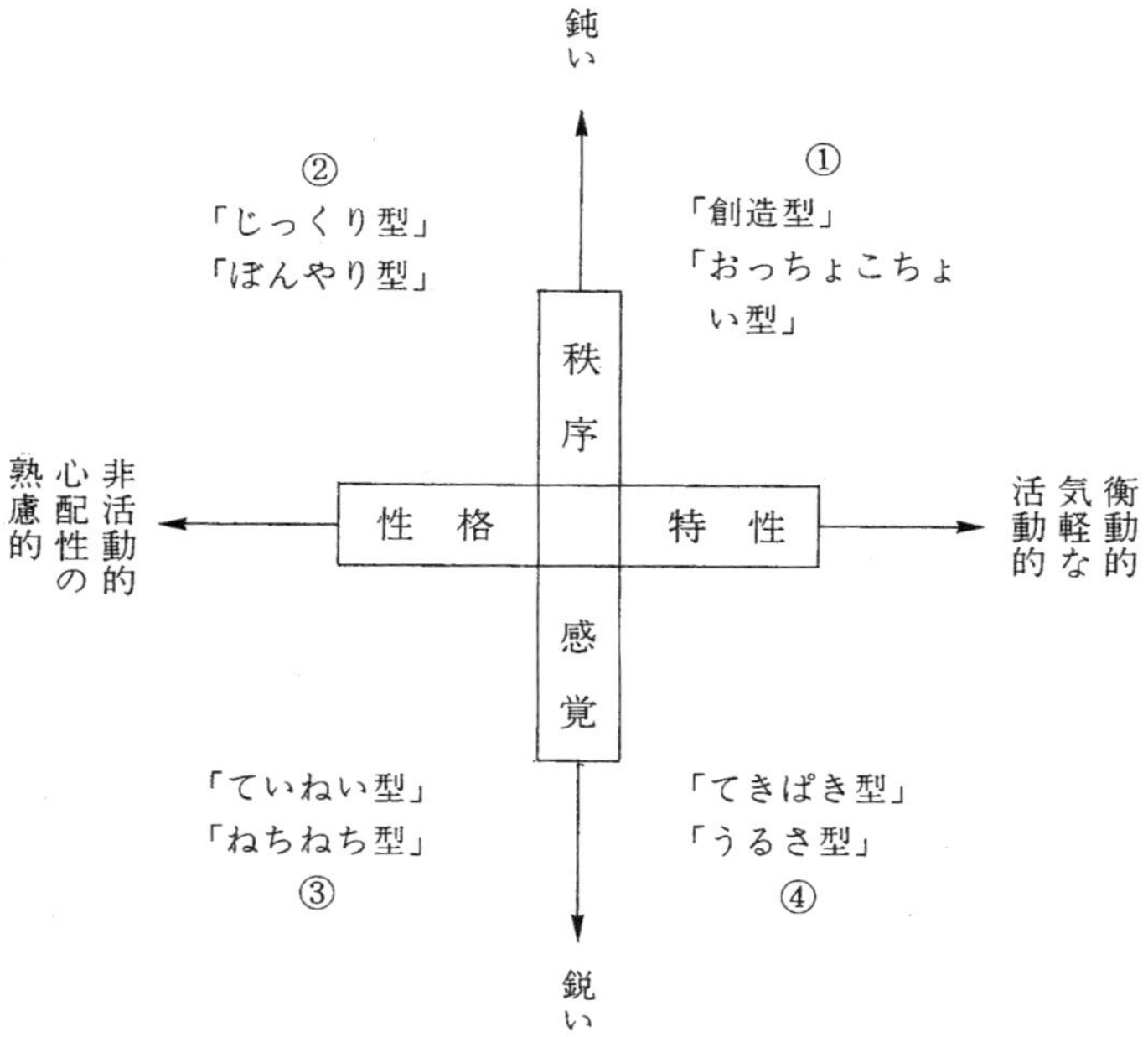

図３－１　４つのエラータイプ

エラータイプを使いわける

海保先生はさらに、ＴＰＯに応じて自分のエラータイプを変える努力をすることを提案しています。

たとえば、「ていねい型・ねちねち型」の人は遊びの時、思いきって「創造型・おっちょこちょい型」を演じるのです。たまには「たかが遊び」と他人のエラーを許し、自分もポカをやれれば、気持が楽になり、違った人生も見えてくるかもしれません。

「創造型・おっちょこちょい型」の人は、ここ一番の大事な時に「ていねい型・ねちねち型」に変身して、思いついたアイデアをていねいに、ねちねちと練り上げて具体化します。これに成功すれば、周囲の人も、あなたの日頃のおっちょこちょいに寛容になるというのです。

自分と違うエラータイプの人と組んで仕事をするとか、相手のタイプに対応して行動を変えるという裏ワザもありますよ。

あなたがおかしやすいエラーのパターン

エラー分類のところでもご登場いただいたジェームズ・リーズン先生は、日常生活でおかすいろいろなエラーの頻度をたずねるアンケート調査を行いました[15]。そのデータを分析したところ、二つの因子が見つかり、それを、「記憶」因子と「注意」因子と名づけました。記憶因子の得点の高い人は、うっかり何かをし忘れるというタイプのエラーをよくおかします。オミッション・エラーでしたね。

これに対し、注意因子の得点の高い人は、うっかり何かをしてしまうというタイプのエラーをよくおかします。コミッション・エラーですね。注意因子というより「行動」因子と呼んだ方がよいかもしれません。

ここから先は私の推測なのですが、日常、記憶のエラーをよくおかす人は、仕事上でも記憶のエラーをおかしやすいのではないか、日常、行動のエラーをよくやる人は、仕事上でも同じパターンのエラーをする確率が高いのではないか、と思うのです。

もちろん、日常生活と仕事に向かう心構えとは違います。親戚中からおっちょこちょいと思われている人が、職場では神様のようにミスが少ない人である可能性もあります。

しかし、何かの拍子で注意力が低下したとき、たとえば、心配事をかかえながら出勤したとき、異常事態であわてたときなどに、日頃おかしているのと同じようなエラーをおかしてしまうのではないか、と思うのです。

そこで、あなたがおかしやすいエラーのパターンをチェックする簡単なテストを作ってみました。(16)

エラーパターン診断テスト

最近(二~三カ月くらいの間)こんな体験または似たような体験をしたと思ったら、項目番号を○で囲んでください。

1 落とし物または忘れ物をした。
2 つまずいてころびそうになった(ころんだ)。
3 電気のスイッチを切り忘れた。
4 茶わんをひっくりかえした。
5 あとで電話しようと思っていたのに忘れてしまった。
6 手に取ろうと思った物とは違う物を手に取っていた。
7 待ち合わせまたは予約をすっぽかした。
8 熱いものをいきなり口に入れて舌をやけどした。

9　途中で葉書をポストに入れるのを忘れた。
10　よそ見をしながらお茶をつごうとしてこぼした。
11　自分がいま何をやりかけていたのかを忘れた。
12　よけいなことを言って、あとで後悔した。
13　電話を切ったあとで用件を言い忘れたことに気づいた。
14　家の家具か会社の机にからだをぶつけた。
15　会議または打ち合わせの時間をコロッと忘れていた。
16　電車にとび乗ったら行き先違いだった。
17　電話がかかってきたためにやりかけのことを忘れてしまった。
18　間違い電話をかけた。
19　頼まれていたことをし忘れた。
20　目的とは違う階でエレベーターを降りてしまった。

奇数番号の項目にはいくつ○がつきましたか？　……　個
偶数番号の項目にはいくつ○がつきましたか？　……　個

あなたのエラー度チエック

奇数番号の項目は「記憶型」エラーです。ここに○が四つ以上ついた人は「ぼんやりさん」、六つ以上ついた人は「大ボケ君」です。

めんどうくさがらずにメモをとる、チェックリストを見ながら作業する、思い出す手掛りとなる「シグナル」をセットする、などの対策が必要です。大ボケ君の私は、シグナルとして他人を利用してしまいます。傘を持って歯医者さんに行ったら、受付の女性に、「きっと傘を置き忘れるから、帰りがけに注意してね」と頼んでおくのです。それでも先日、忘れて取りに引き返しました。若い頃は受付の女性がもっとよく注意してくれたのですが……。

偶数番号の項目は「行動型」エラーです。○が三つ以上ついた人は「あわて者」、五つ以上ついた人は「ドジ男（女）」です。

指差呼称してから操作する、手を出す前に一呼吸おく、などの対策を心がけましょう。ドジ男の私は、危ないことはなるべく妻にまかせることにしています。

注

（1）次の数式で定義される分布です。

$$f(x)=\frac{1}{\sigma\sqrt{2\pi}}\mathrm{e}^{-\frac{(x-m)^2}{2\sigma^2}}$$

ただし、$\lambda>0$。

（2）藪原晃「事故者の特徴と適性管理」、三隅二不二他（編）『事故予防の行動科学』福村出版、一九八八年。

（3）Drake C.A. Accident progress: A hypothesis. *Character and Personality*, Vol.8（4）, 335-341, 1940.

（4）Goodenough D.R. A review of individual differences in field dependence as a factor in auto safety. *Humans Factors*, Vol.18（1）, 53-62, 1976.

（5）現在は一般社団法人安全運転推進協会代表理事。

（6）松永勝也・原口雅浩・末永一男「自動車の運転事故者の脳波と認知・応答時間の変動について」脳波と筋電図、第一三巻二号、一六九～一七七頁、一九八五年。

（7）藪原晃「責任事故者の運転適性検査データの分析」鉄道総研報告、第四巻三号、九～十七頁、一九九〇年。

（8）Jonah B.A. Accident risk and risk-taking behaviour among young drivers., *Accident Analysis and Prevention*, Vol.18（4）, 255-271, 1986.

（9）近藤次郎『巨大システムの安全性』講談社、一九八六年。

（10）立教大学教授、常磐大学教授などを歴任。

（11）正田亘『安全心理学』恒星社厚生閣、一九八四年。

（12）安全態度調査票のＡスケールとＢスケールはほぼ等質なので、どちらか一つを使えばよい。

（13）筑波大学教授、東京成徳大学学長などを歴任。

（14）海保博之『誤りの心理を読む』講談社現代新書、一九八六年。

（15）Reason J. Lapses of attention in everyday life. In R. Parasuraman and D.R. Davies（eds）, *Varieties of Attention*, Academic Press, 1984.

（16）このテストの信頼性、妥当性は未確認です。

第4章　ヒューマンエラーの対策

作る側の論理と使う側の論理

デジタル時計の悲劇

私は海外出張先でデジタルウォッチを買いました。スマホを使い出す前のことです。デュアル・モードの時刻、日付、曜日はもちろん、ラップタイムも出るストップウォッチ、五つの時刻や日付をセットできるアラーム、電卓、バイオリズム計算と、いたれりつくせりの機能が付いていました。

時計の四すみについた小さなボタンをいろいろな組み合わせで引っぱったり、押したりして操作するのですが、どうもうまくいきません。

ヨーロッパ出張から帰国しても時計はドイツ時間のままなので、真夜中に目覚しがピーピーなり出します。アラームだけでもなんとか止めようと思っていじくりまわしているうちに、とうとう、ストップウォッチ・モードから抜けられなくなってしまいました。この時計は今、引き出しの中で毎晩ピーピーピーと泣いています。

マニュアルをいつ開く？

メーカーの人は言うでしょう。「取扱説明書をよく読んでからお使いください」と。でもユーザーは普通、使ってみてうまくいかないときだけマニュアルを開くのです。

そのうえ、最新のハイテク製品は機能がもりだくさんで、マニュアルを全部理解して覚えることなんかとうてい不可能です。そのため、マニュアルがどんどん分厚くなって電話帳のようになってしまいました。しかし、どうせ誰も読まないんだからと思ったのかどうなのか知りませんが、最近では冊子のマニュアルを製品に同梱せず、ＣＤ－ＲＯＭで配布したり、ウェブサイトからＰＤＦファイルをダウンロードしたりするようになりました。

ところが、この電子化された取説を開くことはめったになく、使い方が分からないときは「グーグル先生」に教えてもらう人が多いのではないでしょうか。

お年寄りやコンピュータが苦手な人は困っています。使い方を教えてもらったり、ネットで調べてもらえたりする家族がいる人はまだよいのですが、そうでない場合は、せっかくの便利な道具や機能がなんの役にも立ちません。

論理のズレがエラーを生む

ノン・フィクション作家で安全問題の専門家でもある柳田邦男氏は、航空事故をひき起こしたヒューマンエラーの背景にある共通因子の第一として、機械やマニュアルを作る側の論理と、それを使う側の論理との間にあるズレを指摘しています[1]。

機械を作る側が、操作手順をマニュアルという形で決めるとき、それは絶対に守らなければならない安全原則として作成します。

そして、使用者は必ずマニュアルに従って機械を操作してくれるという前提に立って、安全は守れると確信するのです。

ところが、使う側にとっては、たとえば、Aというボタンを押す作業は、百ある操作の

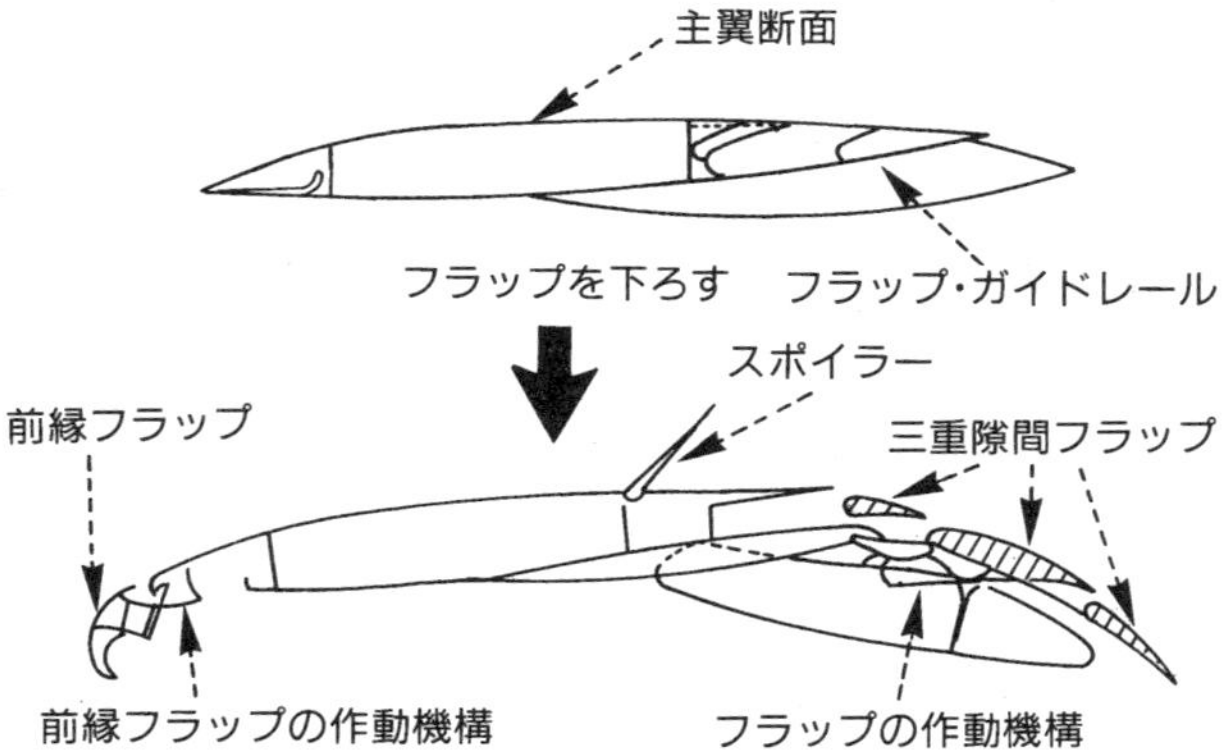

図４－１　ボーイング747のフラップ(1)

中の一つでしかなく、作業全体の中で百分の一の重要性しかもたない、と言うのです。

ナイロビ事故

一九七四年十一月二十日、ルフトハンザ航空のボーイング七四七ジャンボジェット機がケニヤのナイロビ空港を離陸直後、失速して墜落炎上、乗員・乗客一九八名中五九人が死亡しました。

機体の残骸を調べたところ、離着陸のとき、主翼からせり出すフラップのうち前縁側が出ていなかったこと（図４－１）、そして、前縁フラップに動力となる圧搾空気を送るパイプのバルブが閉まっていたことがわかりました。

当時、ルフトハンザ航空が使っていたボーイング七四七では、パイロットがエンジンをスタートさせた後、航空機関士が手動でバルブを開けて、エンジンからの圧搾空気が前縁フラップ作動機構に流れるようにしなければならない仕組みになっていました。（圧搾空気の逆流によってエンジン効率が悪くなるのを防ぐためだそうです。）

おそらく、航空機関士がこのバルブを開け忘れたために、前縁フラップが作動せず、したがって、離陸に必要な揚力が十分得られなかったものと推測されます。

警報はなかったのでしょうか。飛行中はフラップを出さないので、フラップが出ていないからといって、赤ランプをつけるわけにはいきません。フラップが下りていれば、青ランプが点灯するというシステムだったのです。

柳田邦男氏によると、同じ型の飛行機が前縁フラップを出さないまま離陸してしまった例が、ナイロビ事故の以前に六件もあったそうです。墜落したルフトハンザ機の航空機関士のエラーは、決して特殊なものではなかったといえます。

機械を人間に合わせる

ドナルド・ノーマン教授は、パソコンメーカーから新製品の評価を頼まれました。この

マシンには「エンター」キーと「リターン」キーがあり、きちんと二つを区別して押さないと、せっかく入力したデータが消えてしまうことがあります。

教授が試しに使ってみると、押してはいけない方のキーをうっかり叩いてしまうことが多かったので、メーカーの技術者に改良を進言しました。ところが彼は、

「えっ？　どうしてそんなことをしたんですか？　マニュアルを読まなかったんですか？」

そして、事務系の社員にも同じ製品を試用させているけれど、だれもそんな苦情を言って来ないと反論するのです。そこで、教授はこの技術者と一緒に事務室へ行って、エン

ター・キーとリターン・キーを間違えたことはなかったかと尋ねました。すると案の定、

「ええ、しょっちゅう間違えます」

との返事。彼ら彼女らは皆、打ち間違えた自分が悪いと思い、設計者に誰も文句を言わなかったんですね。

ある機械やシステムのユーザーの多くが同じ間違いをする場合、使う側のエラーよりも、作る側のエラーを疑わなければなりません。

そのような機械は、人間の自然な動作や認識に反するような操作をユーザーに強いているのではないでしょうか。人間を機械に合わせるよりも、機械を人間に合わせるべきでしょう。

エラーしにくいデザイン

人間工学とは何か

「人間を機械に合わせるよりも、機械を人間に合わせるべきだ」という立場に立って、機械の設計、改良を目指すものが人間工学です。設計、改良するのは機械だけではありません。衣服、家具、道具、建物、都市…およそ人間の作り出すものすべてが対象となります。『エンジニアのための人間工学』の共著者である故・横溝克己《よしみ》先生[2]は、「人間工学とは、人間が自らの生活をより豊かにするために生み出したものを、〝快適に〟かつ〝効率的に〟使うことができるよう、人間の心理的・生理的・身体的特性にあわせて設計することである」と書いています[3]。

〝快適〟とは、疲れない、気分がよい、イライラしない、病気にならない、健康である、安全であるなどで、〝効率的〟とは、合理的に使える、ミスをしない、すばやく使える、正しく使えるなどが具体的内容です。

ヒューマンエラー問題との関係からみると、安全でミスをせずに使えるよう、機械の側に対策を施すのが人間工学の役割といえましょう。

止めるのは右回し？　左回し？

水道の水を止めるには、普通、蛇口を右に回します。一般に、液体やガスの流れているパイプに取りつけられたバルブを閉めるのは右回し、開けるのは左回しと決まっているからです。左に回すと流量が増え、右に回すと流量が減るのはとても自然なことのように思われます。

一方、ラジオやステレオの音量調節つまみはどうですか。右に回すと音量が増え、左に回すと流量が減りますね。

バルブを遠隔操作で開閉する場合、そのつまみは他の電気回路のつまみと同じコントロール・パネルに並ぶことになります。何か異常が起きて、とっさにバルブを閉めようとしたとき、オペレーターがつまみを反対に回してしまわないようにするにはどうすればよいでしょう。

図4-2のように操作の方向を明示すれば、ある程度エラーが防げそうです。つまみの近くに流量計を取りつけて、操作の結果がすぐにフィードバックされればもっと安全でしょう。もう一つの解決策は、まぎらわしい回転式のつまみをやめて、**図4-3**のような上下にスライドするコントローラーを使うことです。

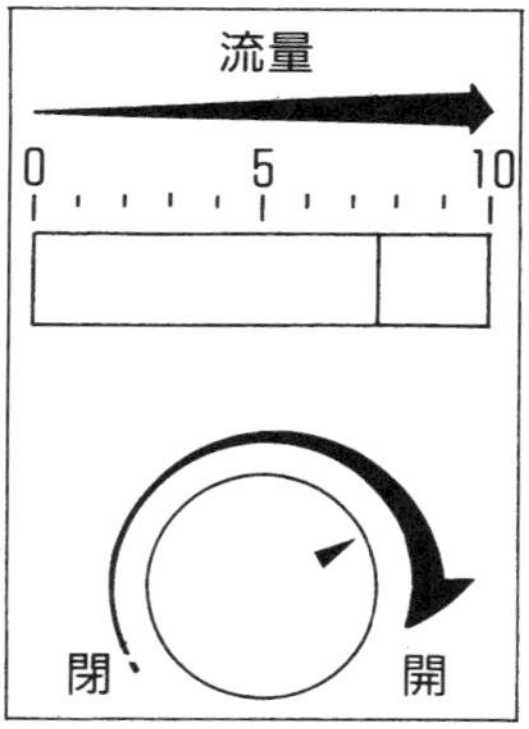

図4－2

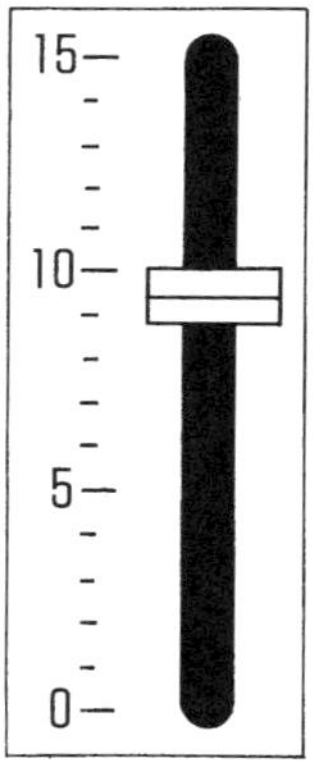

図4－3

色分けでエラーを防ぐ

パイプの中には、いろいろなものが流れています。間違ってバルブを操作したり、配管したりすると、大きな事故を招くおそれがあります。

そこで、化学工場などの複雑な配管系統を識別しやすくし、エラーを防止するために、中の流体の種類を示す色をパイプに塗ることになっています。水は青、蒸気は暗い赤、空気は白、ガスは黄、といった具合です。この組み合わせが事業所ごとに違っていたのでは、かえってエラーを招きかねませんから、**表4－1**のようにちゃんとＪＩＳ規格で統一されているのです。

このように、区別しなければならない物と

表4－1　配管識別色[4]

種類	識別色	基準の色	許容差		
			色相	明度	彩度
水	青	2.5PB 5/6	±2.5	±0.5	±2
蒸気	暗い赤	7.5R 3/6	±2	±0.5	±2
空気	白	N9.5	—	9以上	0.5以下
ガス	黄	2.5Y 8/12	±2	±0.5	10 以上
酸またはアルカリ	灰紫	2.5P 5/5	±2.5	±0.5	+2または−1
油	暗い黄赤	7.5YR 5/6	±2	±0.5	±2
電気	薄い黄赤	2.5YR 7/6	±2	±0.5	±2

色とを対応させるシステムを、カラー・コーディングと呼びます。

首都圏のJR電車が中央線はオレンジ色、京浜東北線は青色、というように路線別に色分けされ、駅の案内掲示にも同じ色が使われているのは、たいへん優れたカラー・コーディング・システムの例です。新宿駅ではうぐいす色の山手線と黄色の総武線が同じホームに着きますが、めったに乗り間違える人はいません。

シェイプ・コーディング

戦闘機のパイロットは敵・味方の飛行機やミサイルなど、窓の外から一秒たりとも注意をそらすことができません。同時に、レバーやスイッチを間違えずに操作できなければならないのです。

そこで、見なくても、手で触っただけで区別ができるよう、つまみの形を変える方法がとられています。これがシェイプ・コーディングです（図４－４）。

一九七三年十月八日、チッソ五井工場で停電が発生し、プラントを緊急停止することになりました。このとき、間違ったコックを開いてしまったためにポリプロピレンの原料四十トンが流出して爆発、死亡四人、負傷九人、損失三七億円の大事故となりました。

現場には同じ形のコックが八つ並んでいて、停電中の暗闇の中で隣りのコックと間違えてしまったらしいのです[6]。

コックがシェイプ・コーディングされていればエラーは防げたかもしれませんね。

標準化

初めて泊まるホテルや旅館のお風呂場でも、蛇口が赤い方がお湯、青い方が水と分かります。これが逆だったり、施設毎に自由気ままな色使いだったりしたら大変です。火傷をする人が続出するでしょう。

このように、共通のデザイン原則に従って設計することを標準化といいます。標準化デ

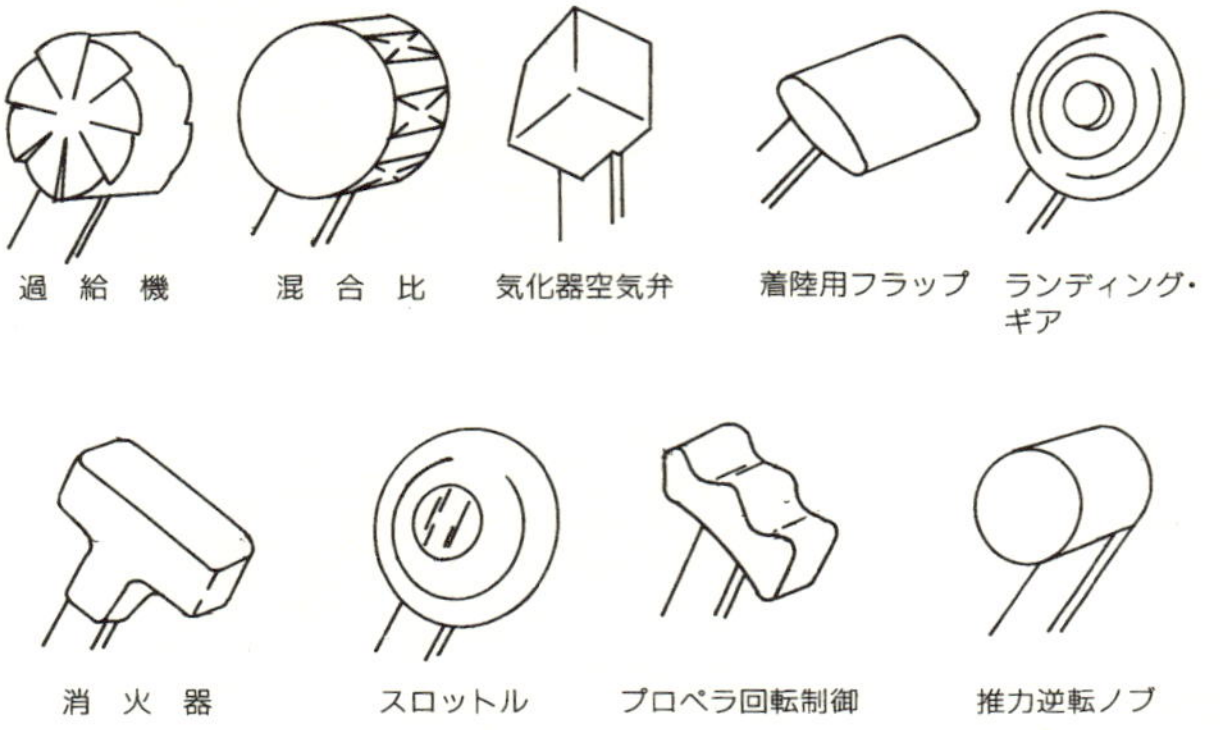

図 4－4　アメリカ空軍機に使われている
シェイプ・コーディング(5)

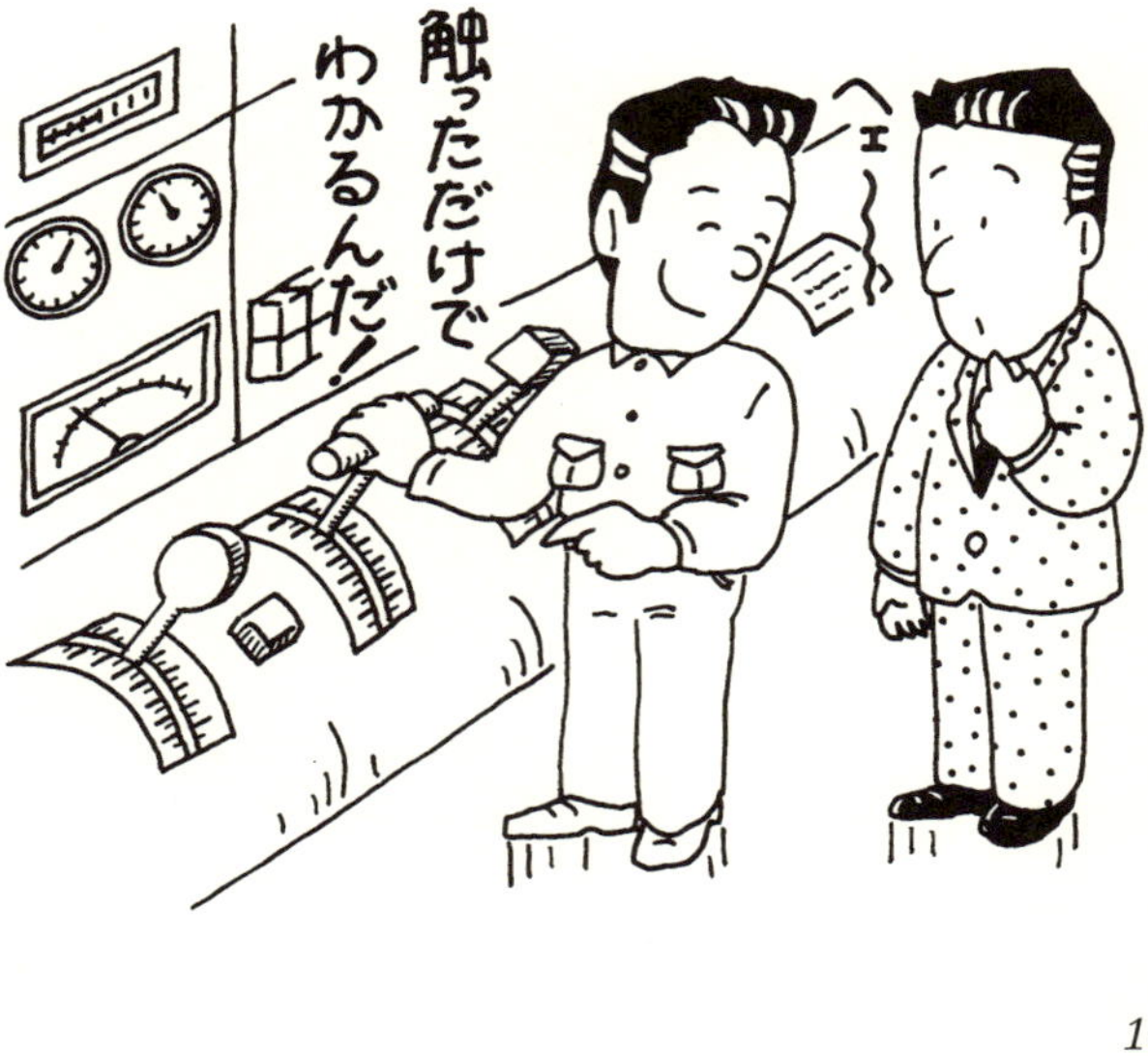

ザインはＪＩＳ規格などで公的に決まっているもの、なんとなく習慣的に使われているもの、最初に広く普及した製品に後続メーカーが従って決まったものなどがあります。

オーディオ接続端子は赤が右、白が左です。レバー式の水道栓は以前はメーカーごとにバラバラでしたが、今は上に上げて水が出る方に統一されました。トイレのマークは男性用が青か黒、女性用が赤かピンクであることが多いですね。

エラーできないデザイン

酸素吸入で窒息？

一九八七年十二月、佐賀県の病院で手術を受けた二人の患者が相次いで死亡しました。どちらも、手術後に酸素吸入をしている間に容態が急変したのです。死因は酸素欠乏による急性心不全でした。

この病院は増改築工事中で、数日前には手術室天井裏の配管工事をしていました。このとき、なんと、麻酔用の笑気ガスの管と酸素ガスの管とをつなぎ間違えていたのです。

フールプルーフ

前節で、エラーを防ぐ一つの方策として、カラー・コーディングというものを紹介しました。

実はこの病院でも、酸素の管は緑色、笑気ガスの管は青色に塗って区別していました。にもかかわらず配管ミスをしてしまったのは、天井裏が暗くて、色がよく見えなかったためらしいのです。

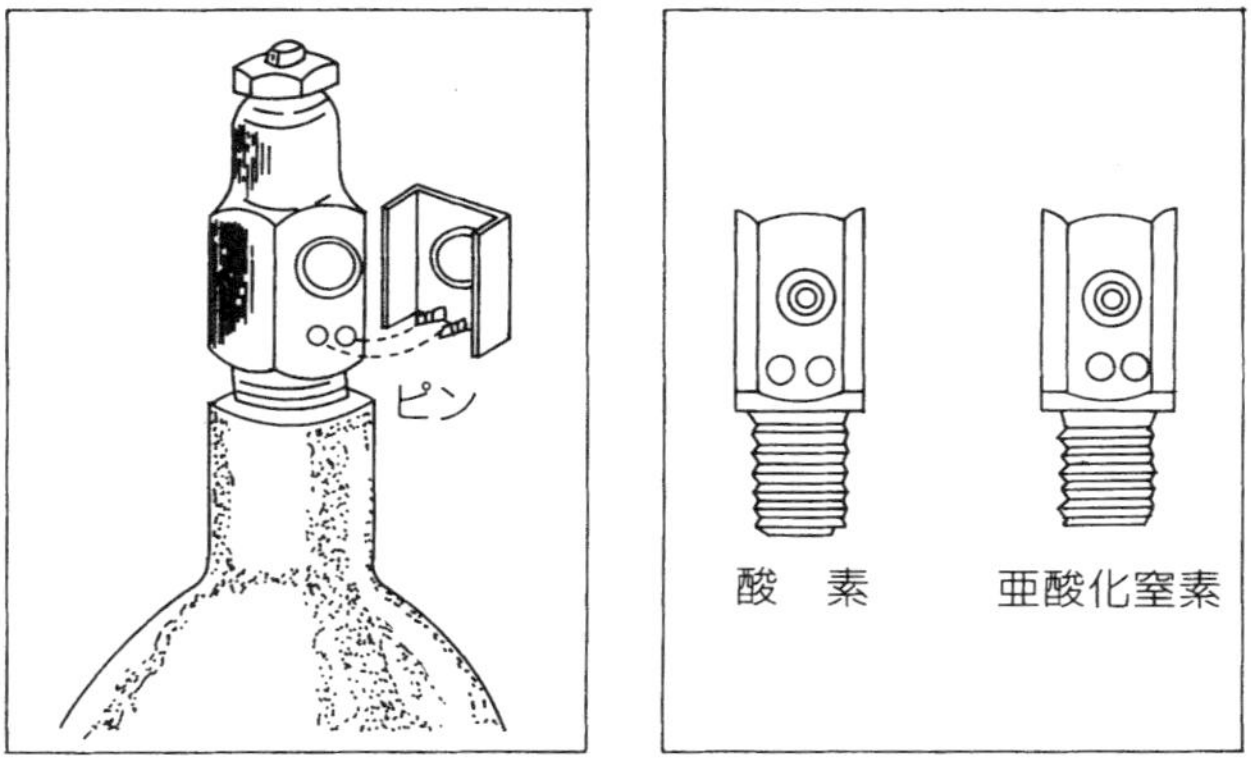

図４－５　麻酔用ガス容器の誤接続防止措置[7]
（左：ボンベの口金部分、右：接続部）

もし、管の直径が酸素と笑気ガスで違っているか、接続金具の種類を変えてあれば、管をあべこべに接続しかけてもすぐに間違いに気づいたはずです。

実は、**図４-５**に示すとおり、ボンベについてはこのような対策がすでに施されています。

このように、その機械やシステムに対する知識の乏しい者が、いいかげんな取り扱いをしようとしても大丈夫なように機械、システムを設計することを「フールプルーフ」といいます。

フールプルーフ設計の例

私がカナダでレンタカーを借り、セルフ

サービスのガソリンスタンドに初めて入ったときの話です。

　一番値段の安いタンクを選んでガソリンを入れようとしたら、ノズルの先が太くて車の燃料注入口に入らないのです。無理やりこじ入れようと悪戦苦闘していると、店の人がかけ寄ってきて、私の持っていたノズルを取りあげ、別のタンクを指さしました。そっちはノズルの先が細くて、私の借りた車の燃料注入口にぴったりだったのです。

　二つのタンクを比べてみると、初めに入れようとしたのは有鉛、店員さんが指定したのは無鉛ガソリンで、車をよく見ると、窓ガラスにちゃんと「無鉛」のシールが張ってありました[8]。

無鉛ガソリン用のエンジンを積んだ自動車の燃料注入口は、有鉛ガソリン車よりひとまわり小さく、それに合わせて、ガソリンスタンドの注入ノズルも細い規格になっていたのです。種類の違うガソリンを補給してしまうのを防ぐ、みごとなフールプルーフ設計ですね。

パソコンやデジカメなどに入れるＳＤカード、スマホなどに入れるマイクロＳＤカードはどちらも間違った向きには入れられないような形をしています。ＵＳＢ接続端子にも裏表がありますが、接続される側の機器の方がなぜかばらばらです。ＵＳＢのマークが付いている側を上にすると刺さるものと、下にしないと刺さらないものがあるのです。しかも受け口を外から見るだけでは判断できないのが難点です。これは標準化するべきですね。受け口を外から見て分かるのはスマホ（OSがアンドロイドのもの）の充電端子です。これはひしゃげた台形をしているので、同じく台形をしているケーブルの先と合わせて繋げば間違いが起こりません。でも、もっと使いやすいのは上下どちらでも繋げるiPhoneの充電端子とケーブルですね。完璧なフールプルーフだと思います。

フェールセーフとフォールト・トレラント

ヒューマンエラーと直接は関係ありませんが、フールプルーフと混同されやすい二つの言葉をここで整理しておきます。

フェールセーフとは、故障が生じた時に、危険な側でなく、安全側に作動するようにする設計思想です。

たとえば、踏切は故障したら開け放しではなく、閉まりっぱなしになるよう設計されているそうです。列車の空気制動システムも、連結がはずれたり、パイプが破れたりすると、自動的に非常ブレーキがかかるようなしくみになっています。

列車の場合、故障が発生すれば止めるということで安全が図れるのですが、飛行機や宇宙船の場合そうはいきません。原子力プラントも簡単には止められないようです。したがってこういうものは故障の確率を限りなくゼロに近づける必要があります。このための設計手法がフォールト・トレラントです。同じはたらきをする複数の部品やサブシステムを用意して、お互いにバックアップさせるのも一つの手法です。

一回の事故の底辺には三百回のヒューマンエラー

ハインリッヒの法則

「同じ人間の起こした同じ種類の災害三百三十件のうち、三百件は無傷で、二十九件は軽い傷害を伴い、一件は報告を要する重い傷害を伴う。[9]」

これが有名なハインリッヒの法則です（図4-6）。一対二十九対三百の法則と呼ばれることもあります。

〝無傷の災害〟をヒューマンエラーと見なせば、この法則は、「一件の大事故の下には二十九件の小事故、三百件のヒューマンエラーがある」と読み換えることができます。そして三百件のエラーの底辺には数千件にもおよぶ不安全行動、不安全状態が存在すると推測されるのです。

一対二十九対三百の数字は、ハインリッヒが半世紀も昔に労働災害のデータから導き出したものですから、あまり大きな意味はありません。災害の結果の大小は確率的なものだという主張がポイントなのです。

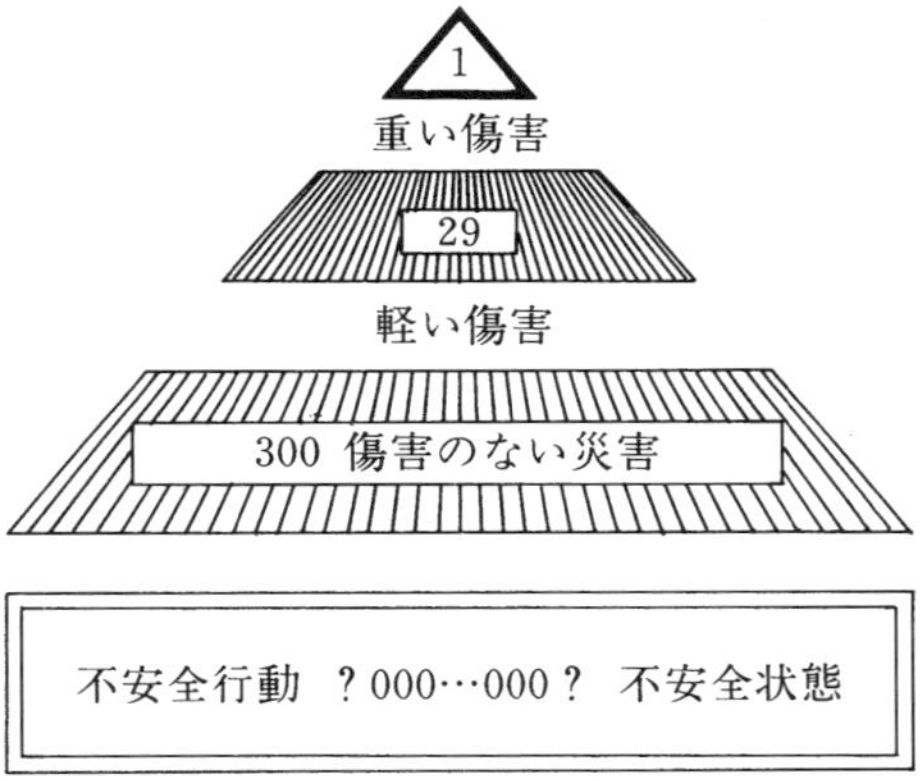

図4-6　ハインリッヒの法則[9]

駅の安全

首都圏のある駅では、線路に落ちて電車にひかれたり、プラットホーム上で電車に接触したりして、死んだり大ケガをする乗降客が年に数人います。ホームや階段から落ちて、ねんざや擦り傷の応急手当てを受ける人は年に数十人、つまずいたり、転倒する人は連日見かけるそうです。そして、その背景として、ラッシュ時の大混雑、ホームと電車のすき間、駆け込み乗車、酒に酔った利用客などの問題点が指摘されています。

この駅の利用客の安全を図るにはどうしたらよいでしょう。

「死亡事故や重傷事故を調査してその対策を講じるよりも、もっと多くのデータが得ら

プァ〜ッ

れる軽傷事故やエラー事例を分析すべきだ」というのがハインリッヒの法則の教えです。つまずいたり、転倒したりする人が半分になれば、同じ原因の死亡事故の確率は半分に減少するはずだという論理です。

その対策としては、問題点としてあげられた不安全状態の解消と、不安全行動の抑止が有効でしょう。

ヒヤリ・ハット報告

事故の底辺にあるエラーや、不安全要因に関するデータを集めて、事故が起きる前に対策をとることは、事故が起きてしまってから再発防止対策をとるよりもずっと優れた取り組みです。事故で失われた人命は戻ってこないのですから。

そこで、多くの会社や組織には事故の未然防止を目的とした報告制度があります。安全報告制度、インシデント・レポーティング・システムなどと呼ばれるものです。インシデントとは、ここではアクシデントにならなかった事例、つまり準事故、潜在事故というような意味と考えてください[10]。

これらの報告制度が成功するためには、次のポイントが大切です。

① 報告内容を事故防止のみに使い、人事考課や処分に利用しない。
② 報告に基づいて速やかに対策をとる。
③ 報告内容と、それに対する処置を報告者および彼の職場に知らせる。
④ 報告先は、指揮命令系統からはずれたスタッフ部門、または第三者組織とする。

産業現場では、小集団活動の一環として「ヒヤリ・ハット」事例を収集し、事故防止に活用しているところがあります。これは、職場の仲間に自分の失敗経験や身近な不安全状態を知らせて、みんなで対策を考えようとする取り組みで、国や会社の制度としてＩＲＳを行うよりも効果が高いかもしれません。

みんなで考えみんなで決める

レバーを食べよう

第二次大戦中のアメリカで、主婦を対象としたある実験が行われました。主婦は２つのグループに分けられました。片方のグループに対しては、いかにレバーが健康に良いか、四十五分間医師が講義しました。別のグループはさらに五〜六人のグループに分かれて、レバーを食べることについて四十五分間、自由に討論しました。そして最後に、自宅でレバーを食べることを決意した主婦は、みんなの前で挙手をしました。

追跡調査をしてみると、医師の講義でレバーのよさを教わったグループは三パーセントしか自宅でレバーを食べなかったのに、小集団で話し合った主婦のグループでは、三十三パーセントがレバーを献立に加えていたのです。(11)

これを産業現場での事故防止活動に始めて応用したのが(12)当時九州大学におられた故・三《み》隅二不二《すみじゅうじ》先生です。(13)一九六三年十二月、西鉄バスが舞台でした。

西鉄バスの実験

まず、有責事故を二回以上起こした運転手さん四十五人を十五人ずつの小集団に分け、自由にグループ討議を行ってもらいました。四時間近い討議のあと、全体集会が開かれ、最後に三隅先生が紙を配って次のように言いました。

「明日から自分は安全運転のためにこういうことを注意してみたいということがあったら、この紙に書いてくれませんか。皆さんが書いたものを私が集めたりはしません。これは皆さんが自分に誓う言葉を書けばいいのです。お書きになったら今晩一晩だけは免許証のなかにはさんでおいてください。明朝くずかごに捨ててもかまいません。」

実験のあと、事故は五分の一に減りました。

小集団活動の有効性

小グループによる討議がヒューマンエラー事故防止に役立つのはなぜでしょう。

まず第一に、自分自身が事故防止のための活動に参加したということで、安全に対する意識が強まり、安全態度が向上します。

第二に、みんなで考えるプロセスの中でいろいろなアイデアや、ヒヤリ・ハット体験が

事故防止について

出され、管理者や安全担当者では思いつかないような有効な対策が生まれる可能性があります。ただ漫然と長時間話し合うのではなく、ブレインストーミングやTKJ法(14)などの技法を利用すれば、なおよいでしょう。

第三に、自分達で決めた、自分が決定に参加した、ということがポイントです。上から指示されたり押しつけられたのではないのですから、自然に「守ろう」という気持が起こります。

第四に、みんなで決めることにより、決めたことに従わないわけにはいかないような雰囲気になります。一緒に決めた仲間からの心理的な圧力を感じるのです。

小集団活動を利用したQCサークルもZD運動(15)、あるいはTPM活動(16)も、このような集団力学（グループ・ダイナミックス）によって高い効果が期待されるのです。

危険予知訓練(17)（KYT）も、ワンポイントKY、一人KY、指差呼称などへとあまり簡易化せず、じっくり時間をかけてミーティングすることが大切だと私は考えます。

ゲームを使った教育研修

安全教育というと、講義や実習の形で安全マニュアルを教えたり、覚えさせたりする方法が中心です。ビデオやeラーニングを使った教育も「教えて覚えさせる」という点では同様です。体験型の危険体感訓練施設を持っている会社もあります。過去に起きた大きな事故の残骸を展示したり、その時の生々しい写真や映像を使うなどして、二度と同じような事故を起こしてはならないと、心に訴える手法もあります。

一方、ゲームを使った教育研修にも注目が集まっています。教育界でも受け身ではなく、能動的に学ぶアクティブ・ラーニングの導入が求められているように、安全教育でも能動的な学びが有効だと思います。ゲームを使うことで能動的かつ楽しく学ぶことができるでしょう。

安全教育の中でゲームが注目されているのは、自分で考える力、状況判断力、コミュニケーション、チームワークなどのノン・テクニカルスキルを身につけるのに役立つと考えられるからです。ノン・テクニカルスキルとは、仕事に直接関係があるテクニカルスキルに対し、直接的な仕事能力や技能ではないけれど、仕事を効率的に進めたり、質を高めたり、危機を乗り越えたりする際に必要と考えられる技能や資質のことです。重要なノン・テクニカルスキルとしては、リーダーシップ、コミュニケーション、状況認識、意思決定などがあげられています。

安全教育に使用されるゲームには、クロスロード[18]、宝探し、マシュマロチャレンジなどがあります。

ゲーム以外にも、シミュレーション、図上演習、グループワークなども同じような効果が期待されます。

統計の落とし穴

数学のマジック

『トム・ソーヤの冒険』の作者として名高いマーク・トウェインは、世の中に三種類のウソがあると言ったそうです[19]。一つは「たわいのないウソ」、一つは「悪質なウソ」、そしてもう一つは「統計」。

しかし、統計は事柄と事柄の関係を調べる有力な方法の一つであり、ヒューマンエラー事故の分析に欠かすことのできない手法です。事故統計によって、

①　事故が増えているのか、減っているのか
②　どのような事故が多いのか
③　どこで事故が多いのか
④　だれが（何が）事故を多く引き起こしているのか

などを知ることができ、対策を打つべき点や、その効果を調べられるのです。

そのためには、統計を作る側と読む側の双方に、正しい統計の知識と細心の注意が必要です。さもないと、「数字のマジック」にだまされることになり、「統計はウソの一種」な

どという誤った結論に達してしまうのです。

件数より比率

岐阜県のデータなのですが、二〇一三年から二〇一七年までの五年間に死亡事故を起こしたドライバーは男性三五一人に対し、女性は一一二人と、三分の一以下です[20]。だからといって、男性の方が事故を起こしやすいとは言えません。運転免許を持っている女性の人数は男性より少ないからです。でも、女性ドライバーも年々増えていて、岐阜県では運転免許証を持つ女性の数は男性より一〇パーセントちょっと少ないだけのようです。

だとすると、運転免許保有者の中で事故を起こした人の割合で考えると、男性の事故率の方が女性より高いことは間違いないようです。それでも、まだ、男性ドライバーの方が事故を起こしやすいとは言えません。男性ドライバーの方が車によく乗るからかもしれないからです。たとえば、タクシーやトラックなどを運転する職業ドライバーは大部分が男性ですし、自家用車だって、夫は通勤や営業に使い、妻は買い物や家族の送り迎えに使うのが中心という家庭も多いでしょう。事故を起こしやすいかどうかは年間に何キロ運転しているのか、どこを何の目的で運転しているのかなどのデータがないと何とも言えません。

このように、事故データを比較するときは、絶対数ではなく比率に換算して考える必要があります。その比率を計算する際の分母は、事故の危険にさらされる程度（リスクへの曝露）をできるだけ反映するものを使わなければなりません。

高齢者の交通事故

いま、高齢者の交通事故が増えていることが大きな社会問題になっています。日本の交通事故死者数が年々減少しているのに、高齢者の死者数はあまり変化していないため、割合が増えています。内閣府が発表している平成二十九年版交通安全白書[21]によると、交通事故死者数の中で六十五歳以上が占める割合は、一〇年前に四十四・三パーセントだったものが、平成二十八年（二〇一七年）には五十四・八パーセントと、過去最高を記録しました。

高齢ドライバーの逆走事件や、アクセル・ブレーキ踏み間違い事故などが大きく報道されるため、高齢ドライバーが危険な印象をもたれがちですが、高齢者の交通事故死のなんと七十四パーセントが歩行中です。つまり、歩行中に自動車にはねられて亡くなる方が多

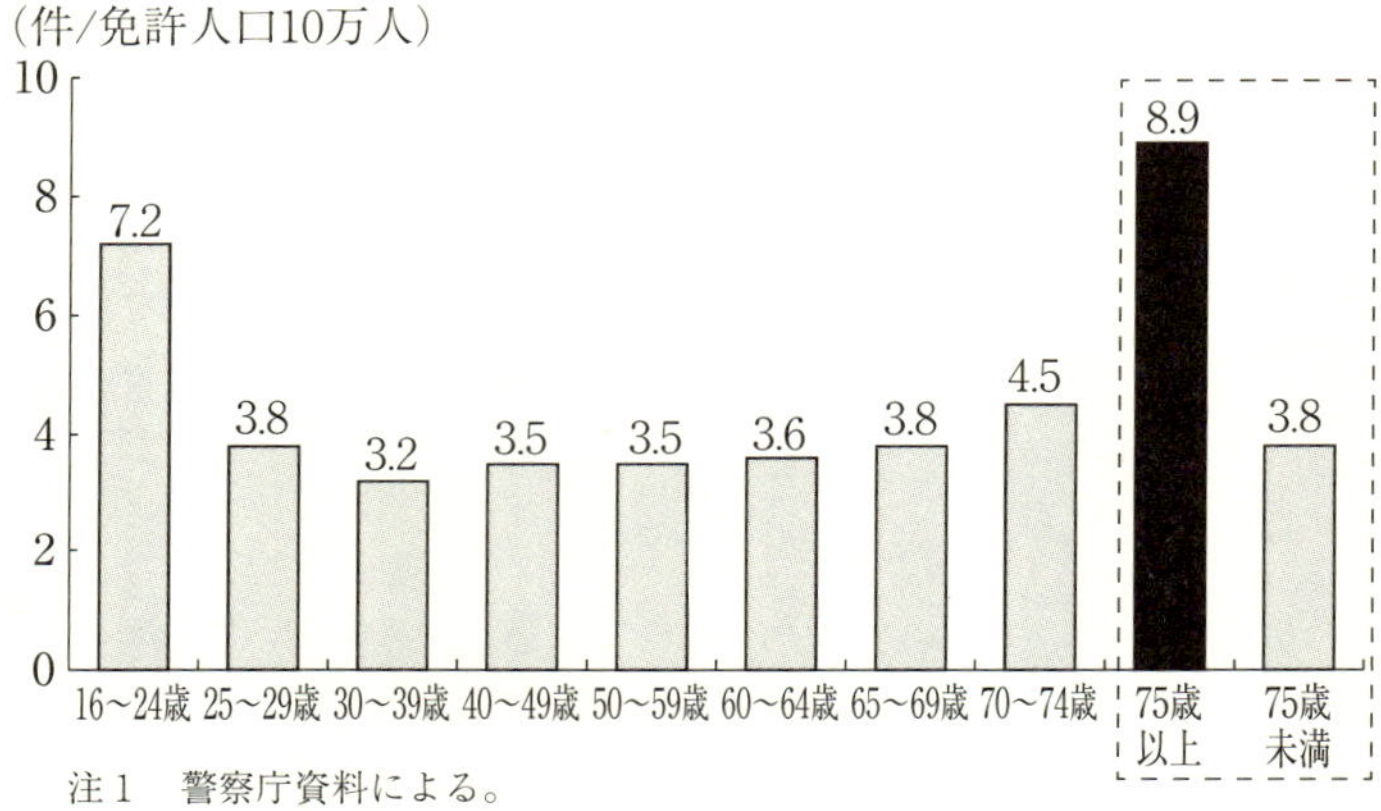

注１　警察庁資料による。
　２　平成28年12月末現在の免許人口10万人あたりで算出した数である。

図４－７　年齢層別免許人口10万人あたり死亡事故件数（原付以上第１当事者）（平成28年）

いということです。

ドライバーの側に目を向けると、七十五歳以上のドライバーが第一当事者（一番責任の大きな人）になった死亡事故件数は平成一八年（二〇〇七年）の四二三件から、平成二十八年には四五九件と、まあ、微増といった程度です。これとほぼ同じ時期、日本全体の七十五歳以上人口は一、一六四万人（二〇〇五年）から一、六四六万人（二〇一五年）と、四〇％以上も増えています[22]。

高齢ドライバーの危険性は強調されすぎているのでしょうか。

しかし、免許人口十万人あたりの死亡事故件数を見てください（**図4-7**）。これは七十五歳以上のドライバーが第一当事者になった交通死亡事故の件数を、各年代の免許人口十万人あたりにそろえて比較したものです。若者の事故率は世界中どこの国でも高いのですが、七十五歳以上はそれ以上に高いのです。

つまり、高齢者の事故率が高くなったわけではないけれど、高齢者の人口が増え、人口に占める高齢者の割合は（若年人口が減ったため）それ以上に高くなり、免許を持って運転をする高齢者も増えてきたため、高齢者が歩行者として交通事故の被害にあう率も、ドライバーとして事故を起こす率も全体の中で大きな割合になってきたということです。そして、この傾向は今後ますます強まるでしょう。

日本の交通安全にとって、高齢者の問題は解決すべき大きな課題だということが分かりましたか？

何が変化をもたらしたか

「工作機械に保護カバーを取り付けた結果、改良前に毎年十数件あった手指の傷害事故が、改良後は年一～二件に減った」とか、「安全マネジメントシステムの導入により、年千人率が二十パーセント減少した」というような話をよく聞きます。これは、新しい対策をとり入れた効果を、とり入れ前後の事故率を比較して量的に表しているわけですが、これ

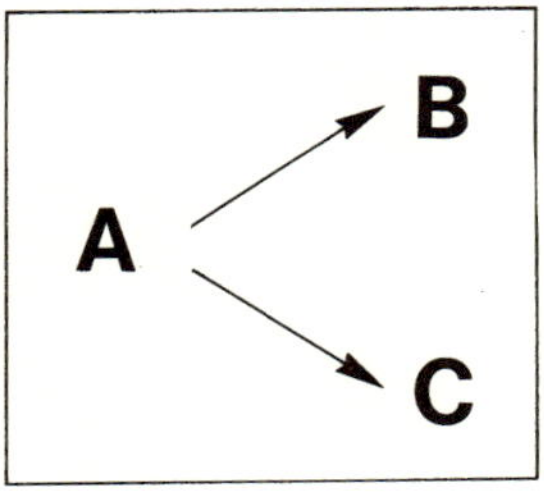

図4－8

だけでは対策の効果を証明したことにはなりません。

その時、別の対策が打たれていて、その効果が偶然、事故率に影響を及ぼしたのかもしれないからです。

一般に、統計的関係の存在は因果関係の証拠にはなりません。

図4－8で原因Aが結果Bと結果Cをもたらしたとします。当然、統計的にもAとB、AとCの相関は高くなります。と同時に、BとCの相関も高くなるのです。けれど、BはCの原因ではありません。

具体的な例をあげましょう。

指差呼称を行っている作業者のエラー率が、行っていない者よりも低いことが証明されたとします。はたして、これだけで、指差呼称が事故防止に効果があると結論できるでしょうか。

そうはいかないのです。

というのは、もともと安全意識が高い優秀な作業者が、指導されたとおりの作業をしているからエラー率が低いのであって、安全意識が低い者に指差呼称だけ強制しても効果がないかもしれないからです。「指差呼称」を「名札着用」に置き換えて考えると、相関関係の証明が因果関係の証明とは別問題であることがよく分かるでしょう。

タクアン有害論

タクアンは有害です。タクアンを食べるとエラーをおかしやすくなることは次の事実から明白です[23]。

① 都市の失火件数とタクアンの消費量との間に正の相関がある。
② 交通事故を起こしたドライバーの九十二パーセントは事故の前十四日以内にタクアンを食べていた。
③ 労働災害で死んだ人の九十九パーセントが生前タクアンを食べた経験を有することが分かった。
④ 事故反復者の家庭の八十七パーセントでは食卓に頻繁にタクアンが出されていた。

さらに、タクアンは健康にも悪影響を及ぼすことが分かってきました。

その証拠に、

① 明治元年生まれでタクアンを食べた人は、すでに百パーセント死亡してしまっている。

② タクアンを八十年以上にわたって摂食した人のうち運よく死を免れた人も、全員顔にしわがより、歯はほとんど入れ歯、骨はもろく、視力も衰えてしまっている。

③ ある医学実験によると、ネズミに一日一キロのタクアンを三十日間強制的に食べさせたところ、被験体はすべて胃拡張となり、他のエサに対する食欲が失なわれた。

これでもあなたはタクアンを食べつづけますか？ あなたが安全衛生の担当者なら、今すぐに、社員食堂からタクアンを追放すべきではありませんか？

このように、統計の落とし穴——比率でなく絶対量の使用、不適当な母数の採用、相関関係と因果関係の混同、比較データの欠如——を逆手にとれば、タクアンを諸悪の根源に仕立て上げることさえ可能なのです。

データをしっかりにらんで、真の事故原因に迫り、確かなエラー対策をみつけてください。

フォッ
フォッ
タクアンのせいじゃ
タクアン
シュッ
シュッ
ど・どーして
そんなになったの？

安全をマネジメントする

エラー防止か事故防止か

ヒューマンエラーを防止することは可能でしょうか。

もちろん可能です。第2章で説明した注意や錯覚のメカニズムを理解して、エラーを誘発しにくい作業方法や情報表示を考えてください。第3章で述べた個人差を把握してきめ細かく指導することも大切です。この章でも、人間工学を応用した対策や、小集団活動の利用を紹介しました。

でもヒューマンエラーを絶滅することはできないでしょう。私たちは日常、数限りなくエラーをおかし続けているのですから、仕事のときだけ絶対エラーすることを許さないのは無理な注文というべきです。

橋本邦衛先生のフェーズ論[24]の中で最も信頼性が高いとされるフェーズⅢでシックス・ナイン(〇・九九九九九九)、これでも百万回に一回はしくじります。しかも、フェーズⅢを数分以上連続して維持することはできないと言われていますから、仕事の大部分はもっと信頼性の低いフェーズで行わざるをえないわけです。

人間の知覚、判断、行動からミスを百パーセント駆逐することが不可能なら、ヒューマンエラー対策として、ヒューマンエラー防止対策だけを考えるのではなく、ヒューマンエラー事故防止対策を幅広く考えるべきでしょう。後者は前者を含むほか、ヒューマンを介さないシステムの導入や、エラーをしても事故に至らない仕組みの組み立ても含むものです。

三レベルの事故防止

社会システム工学者の井上紘一先生(25)は、ヒューマンエラー事故の防止対策を図4-9に示すような三レベルに整理しています。

レベル1の防止対策は、ヒューマンエラーの発生ポテンシャルを減少させることにより、エラーの発生確率を低下させようとするものです。状況要因に対しては、環境の改善、マン・マシン・インターフェイスの改良、作業手順の標準化などを行ないます。個人要因に対しては、職能教育、訓練、動機づけ、作業意欲の高揚などが有効です。そして、ストレス要因に対しては、ストレスが多すぎても少なすぎてもよくないので、単調な繰り返し作業を避け、常に必要十分な情報を作業者に与えます。

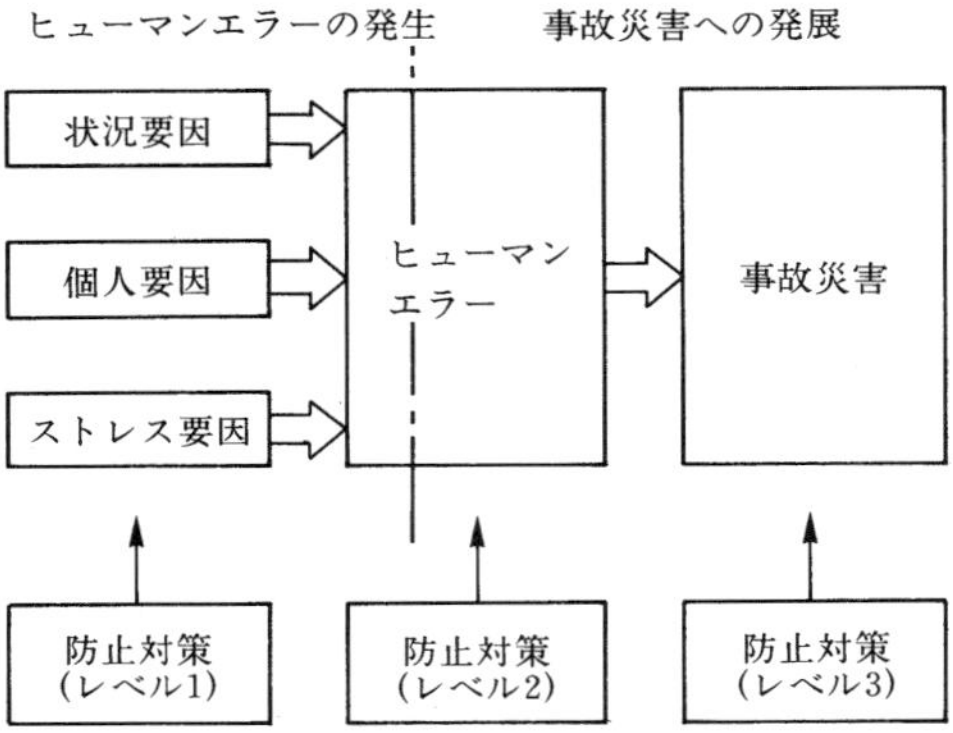

図４－９　ヒューマンエラーに起因する事故災害の過程とその防止対策(26)

レベル2の防止対策は、発生したヒューマンエラーをただちに無害化、局限化、または修正するものです。フールプルーフやフェールセーフなどの各種安全設計が有効です。エラーを音や光を使って操作者にフィードバックして修正を求める警報装置もここに属します。

レベル3の対策は、ヒューマンエラーによって発生した、あるいは助長された事故災害を局限化し、それ以上発展させないための種々の工学的安全装置や安全対策からなります。

四つのM

ヒューマンエラーというと、どうしても作

業者、オペレーターのミスだけに注目してしまいがちです。それはたしかに事故の直接的な引き金となったかもしれませんが、その事故の発生に関与している多くの要因の中の一つにすぎないはずです。そして、オペレーターのエラーの背景にもいろいろな人のエラーが隠されているはずです。

四つのMというのがあります。すなわち、MAN（マン）、MACHINE（マシン）、MEDIA（メディア＝情報伝達、表示、作業マニュアル）、MANAGEMENT（マネージメント）の四つについて、事故を分析したり対策したりする際に考えなさいというものです。

マンのエラーだけでなく、マシンの設計に

エラーはなかったか考えてください。連絡、情報伝達のあり方に問題はありませんか。問題があるとしたら、それを放置していたというエラーは誰がおかしたのですか。経営者は「安全優先」を口で唱えながら、実際には「生産優先」「効率優先」のマネージメントをしていませんか。

犯人捜しをする必要はありません。四つのM全部についてバランスよく対策をとればよいのです。大切なのはヒューマンエラーを防止することではなく、事故を起こさないことです。「エラー防止より事故防止」という立場に立てば、もっと幅の広い、真に効果的な対策がみえてくるに違いありません。

安全マネジメント・システム

安全・安心に対する社会の要請は年々高まっています。事故が起きると事故を起こした企業・組織に批判が集中し、警察や規制当局が調査に乗り出します。大きな事故の場合は事業の一時停止を余儀なくされ、再開するためには念入りな再発予防対策を約束しなければなりません。事業や企業の存続が危ぶまれる事態に陥ることさえあります。

そこで、事故の予防が重要となるわけですが、そのため、現在、多くの企業が安全マネ

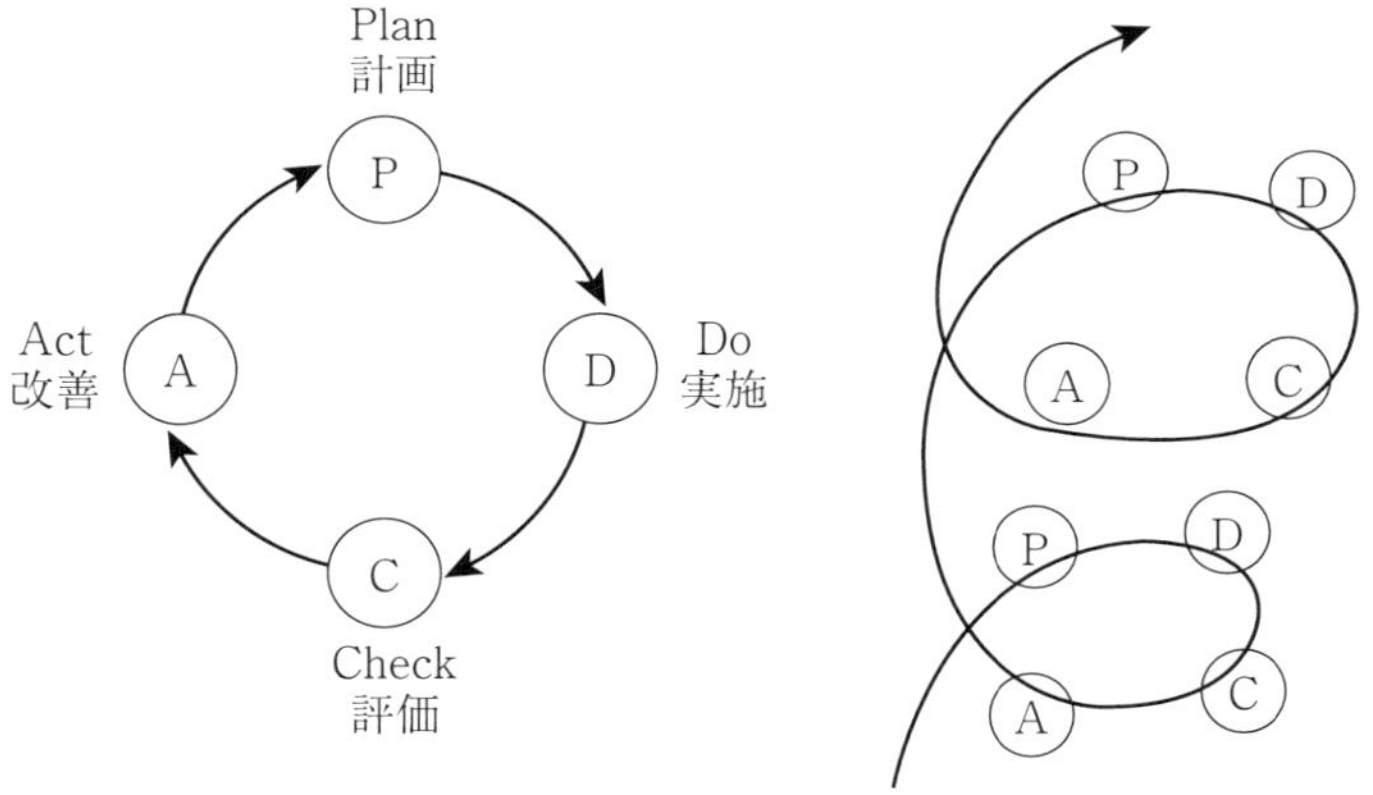

図４-10　PDCAサイクル

ジメント・システム（ＳＭＳ）を導入して、安全管理を強化しています。「マネジメント」は「経営」とか「管理」と訳されることが多いのですが、本来、「マネージ」という動詞の名詞形です。マネージという英語には、「何とかやりくりする」、「苦労してやりとげる」というようなニュアンスがあります。ですから、「マネジメント」というのは「難しい課題に取り組むこと」というような意味でしょうか。

「マネジメント」に「システム」が付くと、「体系化したマネジメントの仕組み」を意味します。「安全マネジメント・システム」は企業などが組織的かつ体系的に行う安全活動です。

活動にはＰＤＣＡサイクルを回すことで継続性が生まれます（図4-10）。安全目標を決めて、それを実現するための計画（Ｐ＝プラン）を立て実行し（Ｄ＝ドゥー）、その結果や途中経過を振り返り（Ｃ＝チェック）、目標の修正や実施方法の見直しを行い（Ａ＝アクト）、次の計画（Ｐ）のステージに戻ります。このＰＤＣＡを毎年あるいは毎期ごとに繰り返すことで、安全のレベルがどんどん高まることが期待されます。

注

（1）柳田邦男『航空事故』中公新書、一九六八年。
（2）早稲田大学、参議院議員などを歴任。
（3）構溝克己『エンジニアのための人間工学』日本出版サービス、一九八七年。
（4）林喜男他『人間工学（改訂版）』日本規格協会、一九八七年。
（5）Morgan C.T., Cook J.S., Chapanis A., and Lund M.W., *Human Engineering Guide to Equipment Design*, McGraw-Hill, 1963.
（6）井上威恭「ヒューマン・エラーによる災害事故」システムと制御、第三二巻五号、一九八八年。

(7) 「ガス麻酔と酸素欠乏」安全、第四一巻一号、一九九〇年。
(8) 当時カナダでは無鉛（non-leaded）の方が有鉛（leaded または regular）ガソリンよりも高価でした。
(9) H・W・ハインリッヒ他（総合安全工学研究所編訳）『産業災害防止論』海文堂、一九八二年。
(10) アクシデントとインシデントの用語の使い分けについて、村野賢哉氏は、結果の重大性によるのでなく、事故の原因と結果の因果関係の分からないのがアクシデントで、分かるものがインシデントだと主張しています。たしかに、accident という英語には偶発性のニュアンスがあります。英語圏の国々では、ジャーナリスティックな表現を除いて、事故や異常を一般的に incident で総称するようです。
(11) アイオワ州立大学のバーヴェラスという人の研究で、注(12)の論文に紹介されていました。
(12) 三隅二不二・高禎助「事故予防とグループ・ダイナミックス」三隅二不二他（編）『事故予防の行動科学』福村出版、一九八八年。
(13) 大阪大学名誉教授。
(14) 川喜田二郎の開発したKJ法を小林茂が改良した、グループ討議と集団決定のための手法。
(15) ZD運動：ゼロ・ディフェクツ運動。無欠点運動。全員参加で手直し・やり直しをしないで、はじめから完全な製品をつくることを目標に、アメリカで始まった運動。
(16) TPM：トータル・プロダクティブ・メンテナンス。日本で生まれた全員参加型の生産保全活動。

（17）一九七四年に住友金属工業で開発された災害防止活動のための訓練技法。
（18）矢守克也・吉川肇子・網代剛『防災ゲームで学ぶリスクコミュニケーション』ナカニシヤ出版、二〇〇五年。
（19）Tygerson A.L., *Accident and Disasters.*, Prentice-Hall, New Jersey, 1975.に引用されていました。
（20）岐阜県警察、男女別交通死亡事故分析。
https://www.pref.gifu.lg.jp/police/tokei/jiko-tokei/index.data/danjyobetu.pdf
（21）交通安全白書　内閣府　平成二十九年版。
https://www8.cao.go.jp/koutu/taisaku/h29kou_haku/zenbun/index.html
（22）総務省統計局「統計トピックスＮｏ.72 統計から見たわが国の高齢者」
https://www.stat.go.jp/data/topics/topi721.html
（23）注（19）にあげた本に紹介された、"Picles will kill you"（ピクルスがあなたを殺す）という笑い話をヒントにしました。
（24）本書の第2章第2節「ボンヤリとコックリ」（六十四頁）を参照してください。
（25）京都大学教授などを歴任。
（26）井上紘一・高見勲「ヒューマン・エラーとその定量化」システムと制御、第三二巻三号、一五二～一五九頁、一九八八年。

第5章　しなやかな現場力を創る

～ヒューマンエラーを乗り越えて～

安全マネジメントの負の側面

多忙な安全管理者

第4章の最後の部分で安全マネジメント・システムのことを説明しました。これをしっかり推進すれば無事故が達成できるでしょうか。

安全マネジメントを推進する事務局は各企業の安全スタッフが務めます。安全対策を現場任せにするのでなく、経営の責任として経営トップが安全活動に関与することが求められます。安全活動のチェックは内部監査だけでなく、公的機関や第三者機関による外部監査も行われます。

会議も増えました。経営トップが出席する会議を頂点として、各セクション、各地方（支社）、各現場の安全会議が定期的に開かれます。マネジメント・システムでは結果だけでなく、プロセスが重視されますから、会議の議事録や活動の記録を付け、監査の時にすぐ提示できるようきちんとファイリングしておく必要があります。そのため、安全スタッフは現場の状況を見に行く暇がなくて、事務室でパソコンに向かってばかりいます。

後で紹介するレジリエンス・エンジニアリングでは、現場で実際に行われている仕事をワーク・アズ・ダン（ＷＡＤ）、管理部門が決めてこうするよう指示したり指導したりする仕事の進め方をワーク・アズ・イマジンド（ＷＡＩ）と呼びます[1]。ＷＡＤとＷＡＩは必ずしも一致しません。現場は、与えられた人員と時間の中で、求められる仕事量をこなすためにＷＡＩに修正を加えているからです。しかし、両者の乖離が大きくなると、管理層がＷＡＩに基づいて打ち出す安全対策は的外れなものとなります。管理層は現場の作業実態、すなわちＷＡＤをきちんと把握する必要があるのですが、そのためには頻繁に現場に足を運び、現場の人と本音のコミュニケーションをしなければなりません。

安全マネジメントが安全スタッフと現場のコミュニケーションを妨げているとしたら、逆効果ですよね。

マニュアルに頼る安全

安全設備や自動化に多額の投資をしてきた結果、産業現場はずいぶん安全になりました。これ以上安全レベルを引き上げるための設備投資は、コスト的に限界だという声も聞かれます。

多くの事故がヒューマンエラーを要因として起きているので、エラーを起こしにくい作

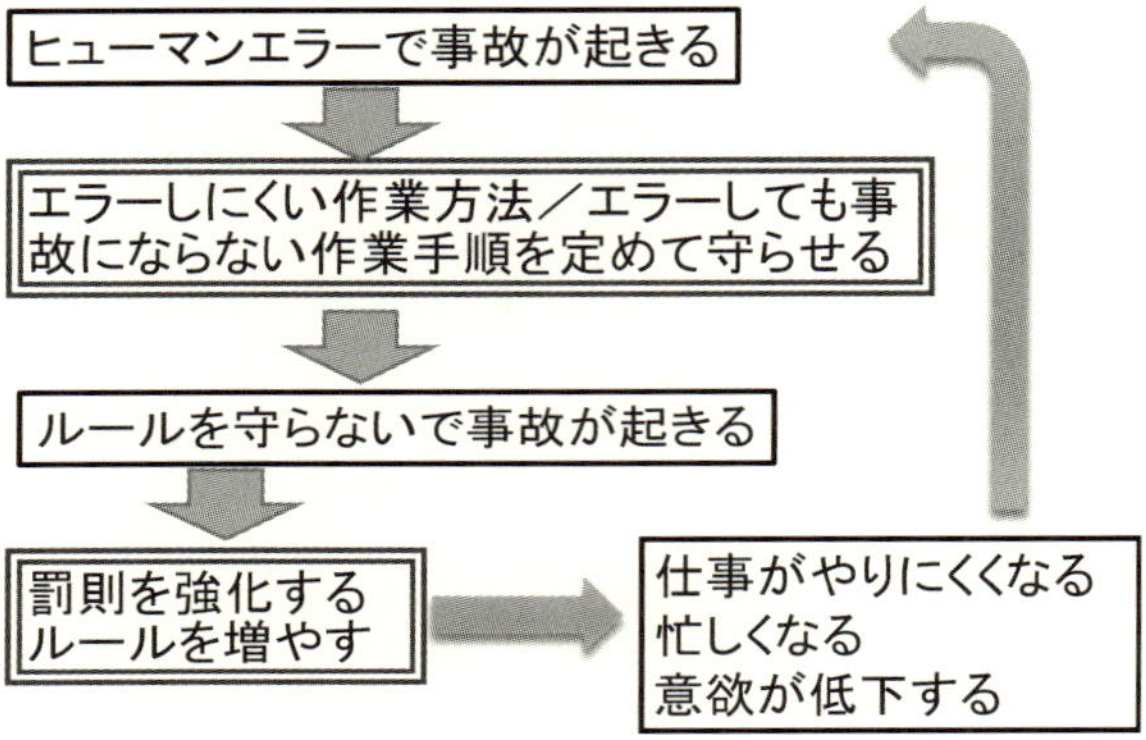

図５－１　ヒューマンエラー対策の悪循環

業の進め方を定め、それを守ることで安全を守ることに力が注がれるようになりました。また、一人がエラーをしても他の作業者がそのエラーを発見して修正するためのダブルチェックやトリプルチェックも、よく使われる手法です。

しかし、エラーを防ぐための作業手順というのは、多くの場合、一手間あるいは二手間余計にかかります。それで、つい省略したり、忙しくて守れなかったりする状況が発生したりして、運が悪ければ事故が発生してしまいます。

そうなると、管理者は事故の最大要因を「マニュアル違反」だとして、事故の再発防止対策としては、まず「マニュアル遵守」を掲げます。マニュアルを守らせるために違反者を厳しく処罰したり、エラーをもっと確実に減らせるような新たなルールを定めたりします。エラーをもっと確実に減らせるルールは、おそらく、これまでのルールよりさらに手間がかかるものとなるでしょう。

マニュアルが増える一方です。これでは仕事がますますやりにくくなるし、現場での創意工夫も難しくなり、決められたことを決められた通りにやるだけの仕事には意欲もわきません。それでまたエラーが発生して事故が起きるのです。モグラ叩きのような状況に陥ります。悪循環ですね。

マニュアルだけでは事故を防げない

二〇一七年の十二月に東海道・山陽新幹線を走る博多発東京行きののぞみ三十四号は、博多駅を出発して間もなく、車掌やパーサー（旅客サービス専門の係員）が異音や異臭を感じて東京の指令員に報告をしました。途中の広島駅から乗務した車掌も、車内で焦げくさい臭いや客室全体がかすんでいる状態を認めました。指令の指示で岡山駅から車両保守担当社員三人が乗車しましたが、彼らに対して、指令員が走行に支障があるかどうかを尋ねたところ、「そこまでは行かないと思う、見てないので現象が分からない」と答え、念のために新大阪で床下を点検することを提案しました。しかし、そのとき指令員は別の指令員に状況を報告していたため受話器を耳に当てておらず、この提案を聞き逃しました。

その後、保守担当社員が十三号車のモーターを開放しても音に変化がないので、台車に問題があるのではないかと指令員に報告しましたが、指令員から「走行に支障がないか」と尋ねられても、「走行に異常がないとは言い切れない」「通常と違う状態であることは間違いない」など、運行継続の判断を指令員に任せるような言い回しに終始し、指令員の方は、車両の専門家が点検の必要性をはっきり言わないのだから運転を継続しても大丈夫だと判断したようです。

結局、この列車は新大阪駅でＪＲ西日本からＪＲ東海に引き継がれ、さらに東へ進むのですが、名古屋駅に出動していたＪＲ東海の車両保守係員が床下の点検を指令に強く進言して調べたところ、台車が大きく破損していたため、運転を打ち切りました。

その後の調べで、台車枠に大きな亀裂が入っていて、あとちょっとで台車が壊れて大事故になるところだったことが分かりました。なぜそうなったかというと、車両メーカーが台車を製造する際に、鋼材を不正に削ったためであることも明らかになりました。

ここでは車両メーカーの問題は置いておいて、音や臭いで異常があったにもかかわらず運転を続けたＪＲ西日本の問題に絞りましょう。これはマニュアルがあれば防げたでしょうか。

「少しでも危ないと思ったら止める」というようなあいまいなマニュアルではダメです。産業現場では少しでも危ないと思うことなど毎日のようにあるからです。車両保守係員と指令員の間のコミュニケーションの問題も、具体的な言葉遣いを事前に決めておくことで解決するのは難しいでしょう。新幹線を止める決断は、現場の一社員にとって簡単なものではありません。安全運行に対する強い気持ちや、仕事に対する誇り、使命感、自らの専門性に対する自信、現場第一線の判断を尊重する会社の姿勢など、さまざまな要素に裏打ちされて初めて可能になるのです。

事故やエラーがなければよいのか

安全マネジメント・システムは事故件数の削減を数値目標にして活動するため、どうしても事故の最大の要因とみなされているヒューマンエラーを減らそうと努力します。エラーを防ぐには、エラーをしにくい作業方法を定めて皆がそれを守ること、全員に守らせること、違反者を処罰することが効果的と思われます。でも、エラーをしなければそれでよいのでしょうか。

生産現場は生産することが何よりの目標です。品質の高いものを安く効率的に作ることが求められます。サービス業は顧客に質の高いサービスを提供して満足してもらうこと、航空、鉄道、バス、タクシーなどの交通運輸業は早く快適に乗客を目的地に運ぶこと、運送業は送り手から受け手に荷物や貨物を早く安く届けること、医療は患者を治療し、早く快復してもらうことです。経営者だけではなく、現場第一線も、これらのことを目標に精一杯努力しています。そして、それが働く人のやりがい、生きがい、誇りとなっているのです。

エラーや事故はこの努力の中から生じる不運な副産物です。エラーや事故は目標達成の妨げになりますが、かといって、エラーや事故を減らすことだけ考えて、肝心の目標を忘れては何もなりません。電車を走らせなければ脱線しないし、飛行機を飛ばさなければ墜落しない、手術をしなければ医療事故は起きません。でも、それではダメなのです。

安全と安泰は違います。安泰は平穏無事に時間が過ぎていくことですが、安全は無事に目的を達成することです[2]。「お家の安泰」を神に願うことはあっても、「旅の安泰」を願うことはしません。旅は「安全」でなければならないのです。リスクが伴う旅という行為をなして、目的地に到達することが必要だからです。
生産やサービスや医療の安全も同じではないでしょうか。

東日本大震災

命令を受けずに救助活動をしたパイロット達

二〇一一年三月十一日、東北地方の太平洋沖で発生したマグニチュード九・〇の大地震は、地震の揺れと、津波と原発事故等があいまって、関東地方から東北の太平洋沿岸地域に大きな被害をもたらしました。そんな中、規則や前例にとらわれず、臨機応変に行動して九死に一生を得た人、人の命を助けた人、被災者に感謝された人や組織がたくさん現れました。

たとえば、仙台空港では地震で滑走路が閉鎖された後、大津波警報が発令されたため、海上保安庁は機材の水没を避けるため、仙台空港に駐機しているヘリコプターを上空に待避させることにしました。ところが四十五分ぐらい経ったとき空港は津波に襲われ、ヘリコプターは基地に戻れなくなってしまいました。機長と二人の部下は自衛隊基地に着陸し、基地との連絡を試みましたが電話も無線も通じませんでした。そうした中、自衛隊と消防のヘリコプターが忙しく救助活動を展開しているのを見た海上保安庁の隊員たちは、自分たちも救助活動に加わりたいと自衛隊に申し出て、給油を受け、数日間に多くの人を助けました。

もちろん彼らも災害救難訓練は受けていたましたが、それは指揮命令系統がつながっていることを前提にしたものであり、単独行動はまったく想定されていなかったそうです。しかし、自分たちの使命は日本人の生命・財産を守ることにあると機長も部下も明確に認識していたため、そのとき何をすべきかについて何の迷いもなかったと、後日、私の質問に答えています。

医療者の使命はなにか

石巻赤十字病院は地震の直後、大勢の救急患者が運び込まれるであろうことを予測し、外来診療を中止し、院内の外来患者を帰宅させました。そしてすべての診療科を救急態勢に組織し直し、玄関ロビーにトリアージ（事故や災害の現場などで一時に大勢の負傷者が発生したときに、重症度によって治療の順番を決めること）のためのスペースと人員、道具も用意したのです。最初の患者が救急車で運ばれてきたときには、これらの準備がすでに整っていたそうです。

地震後しばらくして、感染症で運ばれる患者が後を絶たないため、医師と看護師らを避難所に派遣して、衛生状態の改善活動を行いました。簡易な水道やトイレの設置も、それに含まれます。全国から応援に来ていた医療者の一部は、「自分たちは治療の手伝いに来たのであって、保健所の仕事をするためではない」と反発しましたが、リーダーの石井正医師は、「被災者の健康を守るために自分たちができることは何でもやろう」と説得したそうです。(3)

現場の自発的な判断と行動

東日本大震災の時に、現場第一線の自発的な判断と行動で危機を乗り越えた組織や人々は他にもたくさんあります。

東日本旅客鉄道（JR東日本）の乗務員たちは、運転指令所からの指示のあるなしにかかわらず、地震で津波の危険地帯に緊急停車した列車から、乗客を避難所に誘導しました。また、逆に高台に止まった列車は、指令所から移動指示があったものの、地元の乗客の意見を取り入れて車内にとどまったため、乗員乗客全員が九死に一生を得ました。

コンビニエンスストアのローソンは、各店舗が自発的に避難所にペットボトルの水を提供し、ヤマト運輸は、本社の指示や許可が出る前に、全国各地から県庁や市役所に届く救援物資を無償で被災者に配って回りました。

反対に、規則や前例にとらわれたり、現場でなかなか決断できなくて、命を落としたり、支援の足を引っ張ったりした組織や人々もありました。

安全文化

安全文化の四要素

ジェームズ・リーズン先生は『組織事故』という本の中で、報告、公正、柔軟、学習という四つの文化を組織に作り込むことで安全文化が醸成されると述べています[4]。

「報告する文化」がある組織では、エラーやニアミスを隠さず報告し、その情報に基づいて事故の芽を事前に摘み取る努力が絶えず行われています。失敗の原因と背景要因を究明し、職場全体で防止対策を話し合い、管理者、経営者がそれに応えて必要な人的、設備的、財政的措置を講じれば、次に起きるエラーや「ヒヤリハット」もまた報告され、事故の芽が一つ一つ摘み取られていくでしょう。

「学習する文化」がある組織には、報告された内容や、過去または他の企業や産業で起こった事故、安全に関するさまざまな情報から学ぶ能力があります。そして、学んだ結果、自らにとって必要と思われる改革を実行する意思と仕組みを組織が持つことで、より安全な組織へと自らを高めていけるのです。

さて、残りの二つ、「公正な文化」と「柔軟な文化」はなぜ必要なのでしょうか。組織の公正さというのが安全とどのような関係にあるのか分かりにくいし、柔軟な文化は安全に対する従来の考え方とは馴染まないように思われます。柔軟な文化から少し詳しく考えてみましょう。

柔軟な文化

リーズン先生は、柔軟な文化とは「組織に対する変化する要求に効率的に適応できることであり、中央集権型の管理から権力分散型の管理に切り替える能力である」と書いています。

ここで、東日本大震災で活躍した組織や人びとのことを思い出してください。海上保安庁のヘリコプターパイロットは上部からの指示を待たず自発的に救助活動を開始しました。石巻赤十字病院は被災者の命を救うため、健康を守るため今何が必要かを刻々に考え、その時々にもっとも必要と思われることを次々に行っていきました。ＪＲ東日本で野蒜駅近くの高台に停車した列車の運転士と車掌は、乗客を連れて避難することを指令されたにもかかわらず、地元民の乗客のアドバイスに従った自主的判断で高台に残り、乗客と自らの命を守りました。

東日本大震災を体験した皆さんなら、身近にいろいろな例を見たり聞いたりしたのではないでしょうか。私は、東京の職場から自宅まで何十キロも歩いて帰る人たちに、沿道のレストランが温かいスープを振る舞ったと聞きました。

想定を超える緊急事態が発生したとき、事前にそれが予測されず、備えもなかったとき、必要なのは現場第一線を含む、組織のあらゆるレベルでの臨機応変です。自分で考え、自分の専門知識と専門技能をフル活用して最善を尽くすことが、自分自身と周りの人たちの安全を守ります。

混乱の中にあって、指揮命令系統が寸断されたり、指揮に当たる組織や上位者がさまざまな懸案に対処するために忙殺されているとき、上部の権限はすみやかに下部へと委譲される必要があります。この権限委譲がうまくいくためには、トップから第一線まで、事前に価値観が共有されている必要があります。

近年、企業理念は経営者だけのものではなく、社員全員が共有すべきだという考えが拡がっています。企業理念や行動規範の共有は、柔軟な文化が正しく機能するためにも重要なのです。

柔軟な文化が必要なのは災害の時だけではない

今日五人で作業を行う予定だったのに、一人がインフルエンザで休み、もう一人はノロウィルスで休んでしまった。三人で予定の作業を始めるか、それとも別の作業にするか、他のチームから二人借りてくるか。設備のメンテナンス作業をしようと思ったら届いた部品が型番違いだった。交通渋滞で部品が届くのが二時間遅れる。必要な工具がないけど取りに帰っている暇はない。お客さんが無理な要求をしてきて、いくら説明しても聞いてくれない。患者さんどうしが病室で喧嘩を始めた。上階で水漏れがあったらしく、お店の天井から水滴が落ちてきたので、食事中のお客さんに他のテーブルに移って貰う必要がある

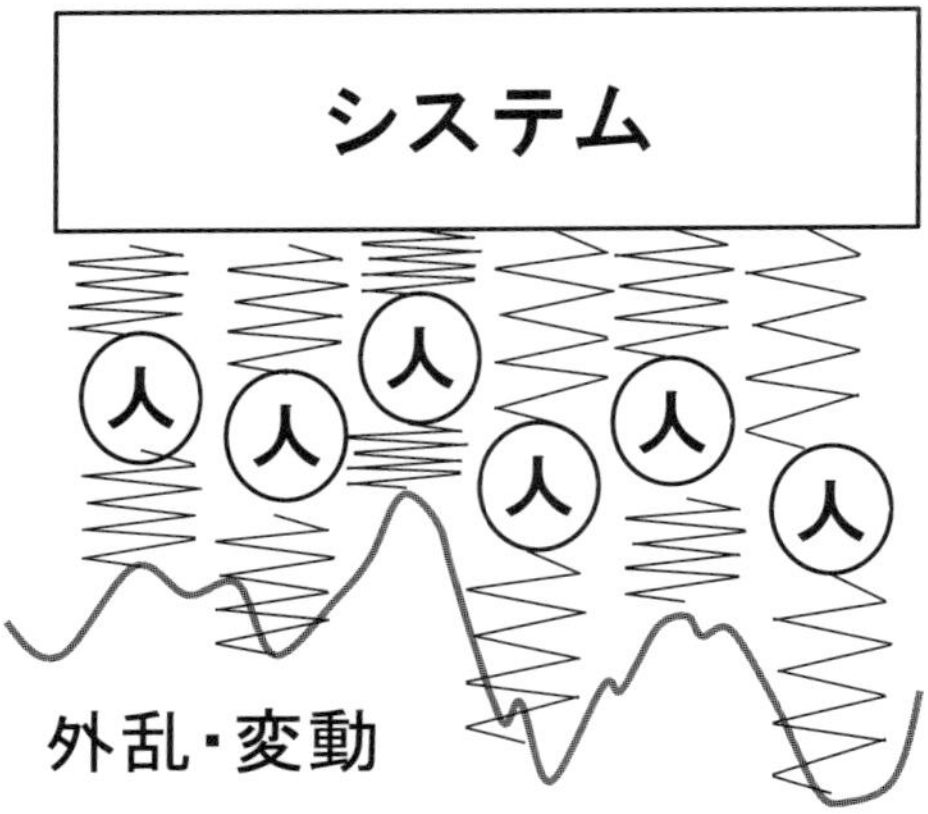

図５－２　人間のバネの力がシステムを安全に動かしている

が満席で対処できない。

現場にはさまざまなトラブルやイレギュラーなできごとが起こります。ベルトコンベアに乗って流れてくる部品を決められた通りに組み立てればよいという仕事は少ないのです。

大きなものから小さなものまで、常に起きているさまざまな外乱や変動に上手に対応して生産やサービスのシステムを動かし続けているのは、現場第一線の柔軟性なのです。それは働く人のバネの力です。マニュアルで判断や行動をがちがちに縛ると、このバネが弾力性のない鉄の棒に変わってしまうでしょう。それでは、外乱や変動にうまく対応することができません。

公正な文化とは

「公正」という言葉はあまり日常で使わないので分かりにくいですね。「公正取引委員会」くらいでしょうか。これもあまり日常的とは言えませんが。

公正は公平と同じではありません。この二つを区別するのに分かりやすいたとえ話があります。

AさんとBさんが8時間同じ仕事をしたのに、Aさんには一万円、Bさんには五千円しか給与を支払わなかったら公正でも公平でもありません。でも、Bさんが半分仕事をサボっていたなら、この給与格差は公正です。もし、二人とも8時間まじめに働いたのに二千円ずつしか貰えなかったら、公平だけれども公正ではありません。公正と公平の違いが分かりましたか？

リーズン先生が安全文化の一要素にあげたのは、英語では「ジャスト・カルチャー」と言います。これを「正義の文化」と訳している本もあります。「ジャスト（just）」には「ぴったり」とか「ちょうど」という意味もありますが、「公正」とか「正義」の意味があるのです。

組織や社会の公正にはいろいろな側面がありますが、安全と関係が深いのは賞罰の公正性です。

事故を引き起こしたのが明らかな怠慢や、意図的な手抜き、重大な違反である場合、その当事者は処罰されるべきですが、大半のエラーは誰もがおかす可能性があるものです。どんなに優秀な人も、どんなに誠実に働いている中でも、エラーは起こりえます。

現場はよい品質のものを期限内に必要な数だけ作ったり、よいサービスを提供したりするために、限られた人員とコストの中で精一杯の努力をしています。そんな中で起きる事故について、その時の現場が置かれていた状況や、それまでの教育・研修や現場管理の実態を見ずに、ミスをした本人だけを責めてはいけません。意図的な違反だって、悪い結果を意図して行われるのではなく、よかれと思って行われることや、必要に迫られてやっていることも多いのです。

不幸にも事故に至る最後の引き金を引いてしまった人だけを責めることは、組織の問題や、システムの不備から人びとの目をそらし、安全に必要な抜本的な改革を棚上げにしてしまうことに繋がるでしょう。

公正な賞罰は報告する文化の基盤です。誠実に働いている中で起きてしまったエラーが処罰されるなら、誰もエラーを報告しなくなるでしょう。何が起きたかを正しく把握することは再発予防対策を立てるうえで欠かせません。事故が起きていなくても、現場で起きていることをきちんと報告してもらえれば、事故が起きる前に有効な対策を立てることも可能になるでしょう。

交通違反は何回違反をしても捕まらない限り処罰されず、たまたま警察官に見つかった人だけが「罰」を受けます。めったに運転しない人は違反も事故もおこさないので、ゴールド免許という「賞」を貰えます。これって不公正だと思いませんか？

だから、違反で罰を受けた人の多くは、反省して「これからルールを守ろう」と思うのではなく、「これから捕まらないように気をつけよう」と思うのです。こんなこと言っちゃなんですが、交通取締りって交通安全に貢献しているのでしょうか。

後知恵バイアス

事故を振り返ると、「あのときあの人があれをしていれば」、「あのときあの人があれをしなければ」という重大な分岐点が見つかることがあります。「どうしてそこに気づかなかったんだ」、「それをしたら（それをしなかったら）結果がどうなるか分かったはずだ」などと考えるのは「後知恵バイアス」です。つまり、結果を知っているあなただからそう言えるのです。

事故の被害が大きいと、その事故の引き金となったエラーや違反が重大なものに感じられます。そして、そのエラーや違反をおかした人の責任が重く感じられ、より厳しい処罰を受けるべきだと感じます。

でも、第1章の「笑えるエラーと笑えないエラー」を思い出してください。まったく同じエラー行動が、時と場合によって笑いのタネにもなり、全世界を揺るがす大惨事の原因にもなりえるのです。

レジリエンス・エンジニアリング

ヒューマンファクターズの新しい潮流

レジリエンスとは弾力性、復元力という意味です。最近、環境、経営、防災、心理学など、いろいろな分野で使われるようになりました。ヒューマンエラーに関わる安全マネジメントの分野でも、近年、レジリエンス・エンジニアリングが大きな注目を集めています。

レジリエンス・エンジニアリングは二〇〇四年にスウェーデンの小さな町で開かれた研究会で産声をあげました[5]。レジリエンス・エンジニアリングは、変動する環境や状況に応じて、組織がしなやかで強靱な復元力を発揮しながら、求められる機能を柔軟に果たすための条件を追求します。

さっき、「柔軟な文化」のところで、「常に起きているさまざまな外乱や変動に上手に対応して生産やサービスのシステムを動かし続けているのは、現場第一線の柔軟性なのです。それは働く人のバネの力です」と書きました。レジリエンス・エンジニアリングが目指しているのはおもに組織やシステムのレジリエンスですが、それを達成するには組織で働く人や下部組織の柔軟性が不可欠です。

マニュアルでやり方をガチガチに固めてしまうと、大きな変動や想定外の状況が起きると臨機応変に対応できなくなってしまうからです。

セーフティII

レジリエンス・エンジニアリングの立ち上げの中心人物でデンマーク出身の心理学者エリック・ホルナゲル博士[6]は、安全を新しく定義する必要があると主張しました。

これまで、安全は事故の少なさ、リスクの低さなど、ネガティブな事象の裏返しで定義されてきました。安全を測る指標は事故の数、失敗の数です。ホルナゲル先生は安全を成功の側から定義すべきだと言います。この新しい安全の概念をセーフティII、これまでの安全観をセーフティIと呼びました。

セーフティIの安全は「失敗の数が可能な限り少ないこと」であるのに対し、セーフティIIでは「成功の数が可能な限り多いこと」と定義します[7]（表5-1）。セーフティIでは何か悪いことが起きてからその原因を探し、再発防止対策を立てるのに対し、セーフティIIでは通常どのようにうまくいっているのかを理解した上で、それを続けるために必要な対策をプロアクティブにとります。つまり、セーフティIの安全対策は受動的で、セーフティ

表５－１　セーフティⅠとセーフティⅡ

	セーフティⅠ	セーフティⅡ
安全の定義	失敗の数が可能な限り少ないこと。	成功の数が可能な限り多いこと。
安全管理の原理	受動的で、何か許容できないことが起こったら対応する。	プロアクティブで、連続的な発展を期待する。
事故の説明	事故は失敗と機能不全により発生する。 事故調査の目的は、原因と寄与している要素を明らかにすることである。	物事は結果にかかわらず基本的には同じように発生する。 事故調査の目的は、時々物事がうまくいかないことを説明する基礎として、通常どのようにうまくいっているかを理解することである。
ヒューマンファクターへの態度	人間は基本的にやっかいで危険要因である。	人間はシステムの柔軟性とレジリエンスの必要要素である。
パフォーマンス変動の役割	有害であり、できるだけ防ぐべきである。	必然的で、有用である。監視され、管理されるべきである。

Hollnagel著（北村正晴・小松原明哲監訳）、Safety-Ⅰ & Safety-Ⅱ, p.161より転載）

Ⅱの対策は先取り型です。

これまでの安全マネジメントは失敗ばかりに目を向けていました。機械システムの信頼性が高まった結果、事故や品質不良の大半が人間の失敗によって起きるようになると、安全マネジメントの中心課題はヒューマンエラー対策になりました。自動化による人間の排除から始まり、エラーをしにくい機器設計、エラーをしても事故にならないシステム設計など、人間工学的な対策が続きました。これらをやり尽くした、あるいは、費用対効果の面からこれ以上できないところまで来たという段階になると、マニュアルの整備、追加、修正、そして厳守へと力点が移りました。

マニュアルは必要だし、悪いものではありませんが、なんでもかんでもマニュアルで解決しようとする、行きすぎたマニュアル主義は、現場のしなやかさを奪います。

もともと、日本の生産現場はしなやかでした。これからの安全マネジメントは現場のレジリエンスを取り戻す方向に向かうべきだと思います。そのために、セーフティⅡを目標にした安全マネジメントを取り入れる必要があるのです。

マニュアルとしなやかな現場力

セーフティⅡにマニュアル（手順書、作業標準）が不要なわけではありません。成功の数を増やすためには、手順をあらかじめ定め、それに従って作業することで、変動に気づき、対処する余裕が生まれます。初めての事態に遭遇したとき、気が動転して何をしていいか分からなくなったり、思わずとんでもない失敗をやらかしたりしないよう、事前に十分な想定をして、ある程度、「こうなったらこうしよう」という心づもりをしておくことも有効です。その心づもりをマニュアルとして共有しておくのもいいでしょう。

でも、変動や外乱に柔軟に対応できるよう、マニュアルはあまりガチガチに作らず、現場の裁量の余地を残す方がよいと思います。

マニュアルを作るときは、作業の効率をできるだけ低下させない、できれば効率を上げる工夫をしましょう。そして、現場の納得を得る努力をしなければなりません。そうでなければ、現場の人に嫌なマニュアル、面倒な手順と思われて、ないがしろにされるかもしれません。

しかし、あらゆることを想定して事前に準備しておくことは不可能です。それに、細かいことまでマニュアル化し始めるときりがありません。細部の調整は現場に任せる方がうまくいくのです。
しなやかな現場では、人びとの安全行動にはつぎの三つの特徴があるでしょう。
① 現場第一線の従業員が主体的にマニュアルを守っている
② 現場第一線の従業員がマニュアルにはないが安全・品質のために必要と思われる行動を自発的にとることができる
③ 現場第一線の従業員・組織が上部からの指示がなくても安全を確保しつつ組織の社会的使命を果たすために必要な判断をし、行動できる

ノンテクニカル・スキル

マニュアルには書いてないけど、いま何が問題かを見極め、何をする必要があるのかを判断し、その行動を仲間と共に実行するには、コミュニケーション力やチームワークが必要です。もちろん、自分の仕事に関する専門技能・専門知識をちゃんと持っていなければならないのですが、それだけでは十分ではありません。自分の仕事に関する専門技能・専門知識をテクニカル・スキルと呼び、仕事を円滑に進めたり、危機を安全に乗り切ったりするのに必要な、テクニカル・スキル以外の技能をノンテクニカル・スキルといいます。

コミュニケーション力やチームワーク以外のノンテクニカル・スキルには、リーダーシップ、状況認識、意思決定などがあげられています[8]。

従来の安全研修は、マニュアルを教え、その通りに行動できるようになることを目標にしてきましたが、最近はノンテクニカル・スキルの研修もさかんに行われるようになりました。ノンテクニカル・スキルの研修ではゲームを使った楽しい授業もよく行われます。

しなやかな現場力を創るには

堅さと柔らかさの両方を持つのが「しなやかさ」です。柳の枝は柔らかく曲がるけど、簡単には折れません。そして、外からの力がなくなると元に戻ります。

しなやかな現場力とは、さまざまな変動に対して柔軟に対応し、安全を確保しつつ生産やサービスを続ける能力です。そのためには、現場第一線がルールや前例や、上からの指示に従うだけでなく、自分の頭で考え、判断し、自発的に行動する力が必要です。

これまでの研究や知見に基づくと、しなやかな現場力を創るには、現場第一線の従業員がつぎのようなことができることが必要だと思われます。

・仕事に誇りを持つ

・将来への希望を持つ
・自分の頭で考える
・ノンテクニカル・スキルが高い

逆に、つぎのような組織の特徴は現場のしなやかさを低下させるでしょう。

・権威主義
・セクショナリズム
・結果責任処罰
・厳罰主義
・過度なマニュアル主義

なにより、現場の作業実態の理解に基づく安全マネージメントが不可欠です。

バキッ
しなやか～

ヒューマンエラーを乗り越えて

うっかりミスはなぜ起きるのかを説明しているうちになんだか遠くまで来てしまいました。でも、うっかりミス、エラーを防ぎたいのは何のためですか？　失敗を防ぐため？　事故を減らすため？

失敗や事故を防ぐ目的は何ですか？

それは成功を続けるためですよね。レジリエンス・エンジニアリングの言葉を使うと、システムが機能し続けるためです。具体的に言うと、生産を続けるため、お客様や荷物を目的地に運ぶため、治療がうまく終わるため、よいサービスを提供し続けるためですよね。それはみな、個人や組織が社会的使命を果たすためです。

失敗ばかりに目を向けて、成功することを忘れてはいけません。あなたの仕事はほとんど毎日成功の連続なんだから。たまに起きるうっかりミスにくよくよしないで、誇りを持って仕事を続けましょう。

ヒューマンエラーを乗り越えて、成功を続け、それを増やすためにがんばろうではありませんか。

注

（1）エリック・ホルナゲル（北村正晴・小松原明哲監訳）『Safety-I & Safety-II　安全マネジメントの過去と未来』　海文堂、二〇一五年。
（2）辛島恵美子『安全学索隠』八千代出版、一九八六年。
（3）石井正『東日本大震災 石巻災害医療の全記録―「最大被災地」を医療崩壊から救った医師の７カ月』講談社ブルーバックス、二〇一二年。
（4）ジェームズ・リーズン（塩見弘監訳）『組織事故』日科技連、一九九九年。
（5）エリック・ホルナゲル他編著（北村正晴監訳）『レジリエンス・エンジニアリング　概念と指針』日科技連、二〇一二年。
（6）現在はスウェーデンのヨンショピン大学シニア教授。
（7）文献（1）の一六一頁。
（8）南川忠男『産業現場のノンテクニカルスキルを学ぶ　事故防止の取り組み』化学工業日報社、二〇一七年。

あとがき

会社の偉い人は、ときどき、こんなことを言います。

「決められたことを決められたとおりにやっていれば事故なんか起こすわけがない。」

「意識が足りないからミスをするんだ。」

たしかにそのとおり。でも、これは、「エラーをしなければエラーをおかさない」と言っているのと同じことですね。この本をここまで読み進んできた方にはお分かりいただけるでしょう。

残念ながら、ヒューマンエラーに特効薬はありません。エラーは病気のようなものではないからです。これも、もうお分かりですよね。

「卵を食べて一〇キロやせる」とか、「一日五分の逆立ちでガンが治る」というような本のように、「こうすれば絶対ミスをしない」という方法が書いてあることを期待してこの本を手にとった方は、読み終えて少しガッカリしたかもしれません。職場の安全対策、身の回りのエラー対策は読者自身が考えてください。同僚、家族と話しあってください。そのとき、この本に書いてあったことをいくつか思い出していただければ幸いです。

改訂版のあとがき

まえがきに書いたとおり、本書の初版は一九九一年発行です。この年の七月に生まれた長男は今年二十八歳になりました。この本は私が初めて一人で書き上げて出版したデビュー作です。ヒューマンエラーについて、心理学や人間工学の研究を通して理解されてきた事柄を、できるだけ分かりやすく、そして何よりも楽しく読めるよう工夫して書きました。二十八年間もの間、廃版にならず、売られ続け、読まれ続けて来たのは、その工夫がある程度うまくいったのではないかと思います。若い頃に書いた文章を読み直すと、軽薄な表現が多くて気恥ずかしくなるのですが、明らかに古くなった表現や言葉以外はそのまま残しました。その後に執筆したヒューマンエラー関連の本をあわせて読んでいただけると幸いです。

◆入門的なもの
『あなたのその「忘れもの」コレで防げます』（ＮＨＫ出版）
『絵でみる失敗のしくみ』（日本能率協会マネジメントセンター）

『失敗のメカニズム』（日本出版サービス／角川ソフィア文庫）
『失敗の心理学』（日経ビジネス人文庫）

◆少し専門的なもの

『事故がなくならない理由（わけ）』（ＰＨＰ新書）
『ヒューマンエラーの理論と対策』（監修）（ＮＴＳ出版）
『注意と安全』（共著）（北大路書房）
『事故と安全の心理学』（共著）（東京大学出版会）
『交通事故はなぜなくならないか　リスク行動の心理学』（翻訳、Ｇ・ワイルド著）（新曜社）
『ヒューマンエラーは裁けるか　安全で公正な文化を築くには』（監訳、Ｓ・デッカー著）（東京大学出版会）

うっかりミスはなぜ起きる
—ヒューマンエラーを乗り越えて—　　中災防ブックス 007

令和元年7月31日　第1版第1刷発行
令和5年2月22日　　　　第2刷発行

著　者　芳賀　繁
発行者　平山　剛
発行所　中央労働災害防止協会
〒108-0023
東京都港区芝浦3丁目17番12号　吾妻ビル9階
電話　販売　03(3452)6401
　　　編集　03(3452)6209
印刷・製本　㈱丸井工文社

落丁・乱丁本はお取り替えします。

ISBN978-4-8059-1882-1　C0360
中災防ホームページ　https://www.jisha.or.jp/